Découvrez l'histoire par les archives de presse

RETRONEWS

Le site de presse de la BnF

www.retronews.fr

BULLETIN

DE LA

Fédération du Nord de la France

DES

Associations de Mutilés, Réformés

Veuves et Orphelins de la Guerre

Siège Social : Lille. 73. boulevard de la Liberté

TÉLÉPHONE N° 74

ASSEMBLÉE GÉNÉRALE

du 23 Novembre 1924 et Réunions diverses.

RÉAJUSTEMENT DES PENSIONS

Assemblées générales et Manifestations.

SEMAINE DU COMBATTANT

Réajustement des pensions et Congrès de 1925.

LES MUTILÉS DES YEUX, EMPLOIS RÉSERVÉS ETC...

Exposition de l'Artisan Mutilé; Préventorium de Montfort l'Amaury (Seine-et-Oise).

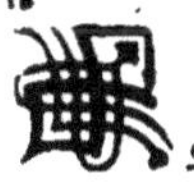

PRIX DE L'ABONNEMENT : **12 FRANCS PAR AN**
PARAIT MENSUELLEMENT

SOMMAIRE

Fédération du Nord de la France

DES

Associations de Mutilés, Réformés

Veuves et Orphelins de la Guerre

Siège Social : 73, boulevard de la Liberté, Lille

CONSEIL D'ADMINISTRATION

SEANCE DU 8 NOVEMBRE 1924

La séance est ouverte à 11 heures sous la présidence de M. BALAVOINE, assisté de M. LIBOTTE, secrétaire fédéral.

Etaient présents : MM. SCREVE, DESORBAIX, CASSEL, DEKEIREL, CANIVEZ, DERYCKE, Madame DENOYELLE.

Excusés : MM. VINCENT et COVILLERS.

M. BALAVOINE rend compte de son voyage à Paris et de l'entrevue qu'il eut avec M. LEHMANN, Chef de Cabinet du ministre des Pensions.

M. OLIVIER, président de la Fédération des Combattants du Nord, l'accompagnait.

M. BALAVOINE a fait part de notre protestation contre la nomination comme surexpert du Docteur DAVID et de notre désir de voir régler la question des honoraires des experts.

Il fait part également que les associations de Dunkerque et de Douai ont également protesté. M. ESCOFFIER, député du Nord, a adressé une demande écrite au Ministre.

Le Ministre n'a pas répondu : le chef de cabinet a répondu de façon fort évasive.

Le Conseil d'administration prend immédiatement la résolution suivante :

La Fédération des Mutilés du Nord ne comprend pas que malgré ces protestations réitérées, les interventions de son président, M. BALAVOINE, de ses vice-présidents : MM. SCREVE et VINCENT, du député M. ESCOFFIER, aucune réponse ne lui ait été donnée.

Elle proteste une fois de plus contre la nomination comme sur-expert du Docteur DAVID et demande énergiquement sa radiation de liste.

Au cas où elle n'obtiendrait pas satisfaction dans un délai immédiat, elle se verrait dans l'obligation de conseiller à ses adhérents de ne plus se présenter devant le Docteur DAVID.

Elle demande non moins énergiquement une réponse au sujet des honoraires des médecins experts.

La Fédération des Mutilés du département du Pas-de-Calais tient son congrès dimanche 23 novembre, à Berck. Elle a invité M. BALAVOINE à prendre part à ce Congrès. Notre président aurait été très heureux d'assister au Congrès d'une fédération qui collabore avec nous et entretient les meilleures relations.; mais, l'assemblée générale de notre Fédération a lieu le même jour, et l'importance des questions à l'ordre du jour ne lui permettra pas d'accepter l'invitation.

M. BALAVOINE fait part au Conseil qu'il a reçu des communications fort intéressantes sur la question du réajustement des pensions.

1° de la **Semaine du Combattant** affirmant d'abord la priorité des droits des A.C. et de leurs ayants-droit sur ceux de toutes les autres victimes de la guerre ;

2° du Groupement du Douaisis :

A la suite de la communication officielle faite jeudi soir par le Ministre des Finances et relative à l'augmentation envisagée des pensions des Mutilés de la guerre et le Conseil d'administration des Mutilés du Douaisis s'est réuni et à l'unanimité a pris la résolution suivante :

« Le Conseil d'administration des Mutilés du Douaisis prend acte des propositions du Ministre des Finances relatives au relèvement du taux des pensions des victimes de la guerre.

A l'unanimité, délègue et mandate les Camarades SCREVE, DELLOQUE, PENEZ et MAINGENT pour assister au Meeting qui aura lieu le lundi 3 novembre à Paris, Salle Wagram, à 20 h. 30.

Le compte-rendu du mandat de nos délégués sera donné à tous les Mutilés du Douaisis le dimanche 9 novembre, à 10 heures, Salle Sede, 40, rue de Bellain, au siège de l'association des Mutilés.

Après le méticuleur examen et l'échange de vues que comporte la gravité de la situation devant laquelle nous nous trouvons, les directives seront données aux militants pour leur action dans tous les centres du département du Nord.

Tous les Mutilts ont le devoir de suivre de très près l'action qui va être menée par leurs militants au cours des semaines qui vont suivre.

Ils doivent se tenir prêts à répondre à l'appel qui pourrait leur être adressé, pour soutenir par tous les moyens en leur pouvoir les décisions que devra prendre leur groupement.

A tous les Mutilés, le groupement du Douaisis donne ce mot d'ordre : Plus que jamais pour la défense de nos droits imprescriptibles, debout s'il le faut et serrons les coudes.

Pour les Mutilés du Douaisis,

Maurice SCREVE.

3° de l'Association de Roubaix :

Le Conseil d'administration de l'Union des Mutilés et Réformés de Roubaix, Lannoy et leurs cantons, réuni en Assemblée ordinaire, le mercredi 5 novembre, appelé à examiner le projet de relèvement du taux des pensions arrêté par le Conseil des Ministres, rejette ce projet au nom de ses 2.400 membres et le déclare inacceptable pour les raisons suivantes :

1° Le Gouvernement, en violation de l'esprit de la loi des pensions du 31 mars 1919 qui visait simplement à la réparation du préjudice physique catégorise les Mutilés en refusant l'augmentation à ceux inscrits à l'impôt sur le revenu et aux titulaires d'emplois réservés, l'injustice est flagrante pour ces derniers surtout : l'augmentation de traitement accordée au fonctionnaire est un réajustement des salaires que les Mutilés employés dans les entreprises privées ont déjà pour la plupart obtenu et ce réajustement des salaires n'a rien à voir avec le réajustement du taux des pensions.

2° Le Gouvernement, toujours en violation de l'esprit de la loi des Pensions, fait une deuxième catégorisation entre les Mutilés en prétendant appliquer aux pensions actuelles un coefficient dégressif en raison directe du taux d'invalidité.

On arrive à appliquer le coefficient 145 à un 80 p. 100 et le coefficient 105, soit une augmentation de 12 fr. par an à un 10 p. 100, l'amputé d'une jambe ou d'un bras reclassé d'une façon relativement facile sur le marché du travail verra sa pension augmentée de 145 p. 100 et le bronchiteux à 30 p. 100, forcé d'arrêter le travail très souvent l'hiver, n'aura que le coefficient 120 et sera réduit à la misère.

3° Le coefficient 145 maximum prévu par le projet du Gouvernement n'est pas le réajustement du taux des pensions avec le coût actuel de la vie.

Les taux des pensions, lors du vote de la loi du 31 mars 1919, étaient basés sur le coût de la vie à fin 1918 le coefficient par rapport à 1914 était 2,3 : le coefficient actuel par rapport à 1914 est 4,6 ; le coefficient par réajustement actuel des pensions devrait être 2.

Le Conseil d'administration de l'Union des Mutilés et Réformés de Roubaix, Lannoy et leurs cantons demande que le taux des pensions soit réajusté d'une façon équitable en leur appliquant le coefficient qui sera le reflet exact de la différence entre le coût de la vie fin 1918 et l'époque actuelle.

Il demande que ce coefficient soit révisé annuellement pour que les pensions soient automatiquement remises en harmonie avec le coût de la vie.

Il s'élève vigoureusement contre tout essai de catégorisation parmi les victimes de la guerre. La loi du 31 mars 1919 est une loi de réparation et tous les bénéficiaires de cette loi sans exception doivent être traités sur le même pied.

Le Conseil d'administration de l'Union des Mutilés et Réformés de Roubaix, Lannoy et leurs cantons demande que le vœu émis par lui et approuvé à l'unanimité par l'Assemblée générale de l'Association en date du 26 octobre 1924, traitant du réajustement du taux des pensions soit pris en considération.

Ce vœu qui expose la situation actuelle et donne le moyen pratique d'y remédier méritait une étude du Gouvernement et semblerait devoir donner satisfaction à toutes les victimes de la guerre.

Après avoir enregistré avec plaisir les déclarations de M. BOVIER-LAPIERRE, ministre des Pensions, sur la collaboration de son Ministère avec les Associations des victimes de la guerre lors du dernier congrès de la Fédération du Nord à Dunkerque, l'Union des Mutilés et Réformés de Roubaix, Lannoy et leurs cantons, s'émeut sérieusement de voir ces belles promesses irréalisées.

Le Conseil d'administration de la Fédération s'étonne que les grandes associations et les grosses fédérations n'aient pas au moins été mises au courant des projets du Gouvernement,

Se demande après avoir cru que l'ère des réalisations allait s'ouvrir, si ce n'est pas simplement celle des belles promesses qui va continuer ; est prête à exiger par tous les moyens, de la part des députés élus aux dernières élections, la réalisation des promesses qu'en tant que candidats ils avaient au cours de la campagne électorale.

Les Mutilés ne sont ni des mendiants ni des révoltés, ce sont les premiers créanciers de la Nation et ils entendent être traités comme tels.

4° de M. DESORBAIX, président de l'Union des Mutilés de Valenciennes :

Monsieur le Président,

Par un communiqué officieux rendant brièvement compte d'une audition par la Commission des Finances de la Chambre de M. le Ministre qu'il envisageait par disposition budgétaire un mode de relèvement du taux des pensions allouées en vertu de la loi du 31 mars 1919.

Ce communiqué ne fait qu'un résumé du projet ministériel. On peut néanmoins en déduire qu'il ne s'agit que d'une majoration infinie basée sur un coefficient de 1,45, que la majoration civile ignorant à la différence de la pension allouée en vertu de la loi du 31 mars 1919, le grade et la situation militaire du pensionné, qu'enfin seront écartés du bénéfice de la majoration en raison de leur situation civile, toute une catégorie de pensionnés.

L'Union des Mutilés de Valenciennes demande que la Fédération proteste immédiatement contre tout projet de majoration qui prendrait pour directives les principes ci-dessus énoncés et engage une action énergiquement pour faire écarter un tel projet.

Il y a certainement matière à protester contre les taux de majorations envisagés. L'Union laisse cependant provisoirement cette question de côté. Elle fait porter d'abord sa protestation sur la question de principe, les questions de principe ayant dans tout débat une importance primordiale.

De 1914 à 1919 par application de la doctrine de la Nation armée, la France appela sous les armes une partie des citoyens français, ceux-ci durent tout quitter : foyer, profession, famille, pour, malgré l'absence de toute vocation militaire, servir le pays sous le régime militaire. Leur abnégation fit triompher la France. Mais ce ne fut pas sans dommage pour des centaines de mille d'entre eux. La France se devait d'indemniser ceux de ces citoyens-soldats qui avaient contracté des infirmités en défendant leur pays, d'indemniser les familles des citoyens-soldats « Morts pour la France ».

Deux modes d'indemnisation étaient possibles : la simple assistance à des civils malheureux, la réparation de tous les dommages à la personne ayant une relation de cause à effet avec des services militaires.

A ce moment-là le sentiment imposa à la France victorieuse la solution de la réparation le principe en fut ainsi inscrit en tête.

Article Premier. — La République reconnaissante envers ceux qui ont assuré le salut de la Patrie, proclame et détermine conformément aux dispositions de la présente loi, le droit à réparation...

Ainsi le 31 mars 1919, la République, au nom de la France, proclame solennellement la dette de la France, elle proclame que cette dette est contractée envers des soldats à raison des services rendus par ces soldats, elle proclame qu'elle doit s'acquitter du paiement de cette dette suivant des modalités fixées par la loi.

En 1924, tout le monde est d'accord pour constater que si l'engagement pris en 1919 semble tenu ce n'est plus qu'une apparence trompeuse. En réalité, en grande partie par suite de l'inflation dont sont les auteurs responsables les gouvernements qui se sont succédés au pouvoir, le pensionné payé en mauvaise monnaie ne reçoit plus ce qu'il a droit en vertu des termes formels de la loi de 1919. En tête du programme des associations des Mutilés et spécialement de celui de la Fédération figure l'intangibilité des principes de la loi du 31 mars 1919, pour que cette intangibilité soit respectée quant aux taux des pensions il n'y a qu'une solution possible le taux des pensions restant et devant rester le même qu'en 1919 le simple redressement de la valeur du numéraire touché par le pensionné soit par le paiement en franc-or soit par une rep ise complémentaire de papier-monnaie tenant compte de la dépréciation de ce papier depuis le vote de la loi.

Au lieu de cela on propose une mesure d'assistance. Le projet ministériel méconnaissant les engagements dictés par la reconnaissance envers les soldats qui ont assuré le salut de la Patrie, va ne jeter que quelques sous en aumône et seulement à ceux qu'on estimera indigeants, quant aux autres on s'efforcera de se cuirasser d'ingratitude pour oublier les services qu'ils ont rendus.

Bien plus à quelques-uns d'entre eux, dans un élan de reconnaissance, la loi avait donné en les aidant à se rééduquer, les moyens d'aider à nouveau la Patrie par leur reclassement dans la vie économique et sociale du pays. De quelques autres, la loi avait fait les auxiliaires de l'Etat et des grandes administrations publiques en leur réservant des emplois. Aux uns et aux autres, la loi avait fait une seconde promesse toute spéciale. En aucun cas, le reclassement social ne pourra influer sur le taux de la pension, tentez votre reclassement par la rééducation, vous pouvez sans crainte de voir diminuer votre pension renter votre reclassement en sollicitant l'emploi réservé qu'on vous offre. Et aujourd'hui, manquant à cette seconde promesse, le projet gouvernemental distingue entre les pensionnés. Pour ceux qui ont cru à cette promesse qui se sont reclassés, la pension diminuée restera diminuée.

Et si nous laissons faire désormais dans la vie quotidienne, prenant exemple sur le gouvernement, chacun aura le droit de vous rappeler que nous touchons une pension, chacun aura, partant de là, le droit de discuter le salaire ou le gain que nous réclamons dans la vie civile pour le travail sans le moindre rapport avant la dette d'origine militaire que la France a contractée envers vous. Nous ne devons pas nous laisser faire. Nous ne devons pas laisser s'établir de distinctions entre pensionnnés, nous ne devons pas laisser le principe de l'assistance se substituer au principe sur lesquels repose la loi du 31 mars 1919 réparant les dommages physiques subis par des citoyens-soldats au cours et à l'occasion de leurs services militaires. Et quant nous aurons rempli la première partie de notre tâche en maintenant les principes, alors partant des principes maintenus peut-être pourrons-nous par discrétion patriotique nous sacrifiant encore une fois par un sacrifice volontaire et non pas imposé, accorder vu la situation financière du pays remise partielle de la dette que la France a contractée envers nous, en n'exigeant pas le complément de papier-monnaie comblant exactement le déficit de pension dû à la dépréciation qu'à subi depuis 1919 le papier-monnaie avec lequel nous sommes payés.

M. BALAVOINE ajoute que de leur côté, les combattants envisagent une action parallèle. Un échange de vues s'ensuit, des suggestions fort intéressantes étant proposées tant par MM. SCREVE, CANIVEZ que par MM. DERYCKE et DEKEIREL. Le Conseil d'administration prend la résolution suivante qu'il décide de transmettre à toutes les associations, à la presse avec la publicité la plus étendue. Le Conseil d'administration décide que du 9 au

16 novembre toutes les associations se réuniront et délibéreront sur la question du réajustement du taux des pensions de manière qu'à l'Assemblée générale du 23 novembre des mesures d'ensemble puissent être envisagées.

Il décide de se rendre le 11 novembre 1924 auprès de M. le Préfet du Nord et de lui remettre l'ordre du jour ci-après.

Il décide de rappeler aux élus quels qu'ils soient leur acquiescement écrit aux revendications des Mutilés et Victimes de la Guerre. Il invite les adhérents de toutes les associations à propager dans leurs milieux les directives contenues dans l'ordre du jour.

Passant à l'ordre du jour :

Là Fédération proclame énergiquement l'intangibilité des principes de la loi du 31 mars 1919 ;

Rappelle que les bénéficiaires de cette loi sont les premiers créanciers de la Nation ;

Déclare repousser tout projet créant des catégories parmi les victimes de la guerre ;

Invite le Gouvernement devant les difficultés de l'heure présente à prendre les mesures nécessaires pour tenir envers les Mutilés et les Victimes de la Guerre les engagments dictés par la reconnaissance que la Nation a affirmé dans l'art. 1er de la loi du 31 mars 1919.

Le Conseil d'administration examine ensuite les affaires courantes ; prend ses dernières dispositions pour l'Assemblée générale ; décide qu'un déjeuner amical aura lieu en commun au prix de 15 francs, par souscription, et que tous les délégués des associations y seront invités.

L'ordre du jour étant épuisé, la séance est levée à 13 h. 20.

Le Secrétaire Fédéral,
Achille LIBOTTE.

REUNION DU MERCREDI 19 NOVEMBRE 1924

La séance est ouverte à 11 heures, sous la présidence de M. BALAVOINE, assisté de M. LIBOTTE, secrétaire fédéral.

Etaient présents : MM. SCREVE, DERYCKE, GRYSPEERT, VINCENT, MARQUIS, CASSEL et GARNOTEL.

S'étaient excusés : MM. DESORBAIX, MALLEZ, TABARY, CANIVEZ, VANDENBERGHE, FAURE.

M. BALAVOINE rappelle les décisions prises dans la dernière réunion du Conseil d'administration au sujet du réajustement du taux des pensions.

L'ordre du jour a été adressé au Préfet, aux parlementaires, aux Associations. Les députés du Nord qui ont accepté notre cahier de revendications ont été appelés à nous communiquer les résulats de leur action parlementaire.

Nous avons reçu jusqu'à présent les comptes-rendus des réunions et l'approbation des associations de Douai, Dunkerque, Roubaix, U.N.M.R.V. de Lille, Cambrai, Valenciennes, Denain, Abancourt, Jeumont, Hautmont, Maubeuge, Berlaimont et Solre-le-Château, La Gorgue, St-Amand, Fresnes-sur-Escaut, Merville.

M. BALAVOINE demande si nous maintenons la manifestation prévue pour dimanche. Il faut que la manifestation soit grandiose.

M. BALAVOINE déclare qu'il préviendra personnellement chacun des membres de son association. Des affiches compléteront ; MM. DERYCKE et GRYSPEERT sont certains de gros effectifs de Roubaix et de Tourcoing.

M. SCREVE est d'avis que nous réunirons au moins 3.000 participants et certainement plus si les conditions sont favorables.

L'essentiel est que chaque association envoie au moins 3 membres.

Le principe de la manifestation est adopté sans discussion.

Divers échanges de vues ont lieu au sujet de l'heure : SCREVE propose 3 heures et DERYCKE 11 heures.

Le rassemblement est décidé pour 10 h. ½ et le départ pour 10 h. 3/4.

M. SCREVE demande qu'il y ait une réunion avant la visite au Préfet et que M. BALAVOINE adresse quelques mots à l'assemblée ; M. BALAVOINE va chercher une salle : le Palais-Rameau, si possible.

De cette salle le cortège se rendra à la Préfecture.

Devons-nous faire venir les drapeaux ? M. VINCENT demande que tous les drapeaux viennent quels qu'ils soient. .M. BALAVOINE propose qu'ils soient en tête. Adopté.

Le cortège sera composé comme suit :

Drapeaux, voiturettes, aveugles, veuves de guerre et mères des soldats morts pour la France ; bureau de la Fédération ; délégation de l'arrondissement de Dunkerque, d'Hazebrouck, de Douai, de Cambrai, de Valenciennes, d'Avesnes, de Tourcoing, de Roubaix, de Lille.

Chaque délégation ou groupe devra se placer derrière sa pancarte.

L'U.N.M.R.V. désignera des commissaires qui se réuniront à 10 heures au siège de l'Union, à la Vieille-Bourse. Chaque groupe ou délégation désignera un commissaire de marche et le pourvoira d'un brassard. La permanence sera à la Vieille-Bourse.

La manifestation doit être pacifique. Nous ne tolèrerons ni chants ni cris.

Le Conseil d'administration se met d'accord sur les lignes essentielles.

Avant tout, nous n'avons aucune visée politique. Nous n'attaquons aucun gouvernement.

Nous dirons au Préfet qui nous sommes, notre nombre : 45.000 bénéficiaires des pensions de guerre de la loi du 31 mars 1919, représentés par leur Conseil d'administration.

Nous demanderons au Préfet d'appeler l'attention des pouvoirs publics sur nos revendications et surtout sur la mise en harmonie du taux des pensions avec le coût de la vie. Nous n'admettrons aucune catégorisation.

Nous n'accepterons jamais le coefficient impossible de 1,45 ; nous demandons pour le Nord si éprouvé par la guerre le réajustement d'après le coefficient fixé par la Commission paritaire du Coût de la vie.

Le nombre des adhésions parvenues pour l'Assemblée générale qui aura lieu l'après-midi, à 14 h. 40, au siège de la Fédération, est satisfaisant.

L'ordre du jour comprendra : situation financière, compte-rendu moral, vœux des Associations, action parlementaire, modifications aux statuts de la Fédération, propositions de M. VINCENT en vue de l'admission de la Fédération du Nord dans le Cartel des Associations nationales, débat sur le taux des pensions par rapport au coût de la vie. Il ne sera accepté aucune autre question à l'ordre du jour, le délai étant expiré.

Le Conseil d'administration de la Fédération sera convoqué à Lille dimanche matin, à 10 heures, au siège de l'U. M. R. V., à l'Ancienne Bourse.

L'ordre du jour étant épuisé, la Séance est levée à 13 h. 30.

Le Secrétaire Fédéral,

Achille LIBOTTE.

ASSEMBLEE GENERALE DU DIMANCHE 23 NOVEMBRE 1924.

La séance est ouverte à 3 heures sous la présidence de M° BALAVOINE, président, assisté de MM. CASSEL, secrétaire général ; LIBOTTE, secrétaire fédéral ; TABARY, secrétaire adjoint.

Prennent place au bureau : MM. VINCENT, SCRÈVE, DESORBAIX, vice-présidents ; MM. CANIVEZ, MARQUIS, CANNIE, COVILLERS, administrateurs.

Etaient également présents : Mmes DENOYELLE, THOMASSIN, LEROUX ; MM. DERYCKE, GRYSPEERTS.

Les Associations avaient désigné pour les représenter :

1° Avesnes : MM. PERIN et TROCHAIN.
2° Maubeuge : MM. LEFORT, BAUM et DESCAMPS.
3° Hautmont : MM. BOUCHON et FIEVET.
4° Jeumont : M. BRASSEUR.
5° Landrecies : MM. LEBLOND, LENNE, DELLEAU, DECQ, REGNIER et ELOIRE.
6° Cambrai : MM. DUMONT, DREUMONT, CHATELAIN et BEAUVOIS.
7° Caudry : M. LECLERCQ.

8° Douai : MM. DELLOQUE, CROQUEFER, RICHEZ, DE-
   BRUILLE, VOISIN, LEGRAND, BUTTIAUX, PASBECQ,
   DELEURY, BOURDILLAT, GILLES et BARBIEUX.
9° Aniche : MM. TAISNE et DELECOLE.
10° Dunkerque : Mmes THIBON et VANHOUTTE ; MM. MAR-
   QUIS, DEKAIREL, DECRETON et VANDENDRIESSCH.
11° Hazebrouck : MM. DROULOUX Jean et DROULOUX Fernand.
12° Cassel : MM. DESCAMP, RICHARD et DELPORTE.
13° Merville : MM. MAZINGARBE, DENIS, LUCHART, SALO-
   ME, MACREL et VESTREMINCK.
14 La Gorgue : MM. LANGREZ et CEUGNART.
15° Estaires : MM. MORAS et SALOME.
16° Vieux-Berquin : M. DUMORTIER.
17° Bailleul : MM. RICOUR, VERHAEGHE et HEMAR.
18° A. G. M. G. Groupe Départemental : MM. CANNIE et FRO-
   MONT.
19° Aide aux Veuves de Lille : Mme THOMASSIN.
20° U. N. M. R. V. O. de Lille et Environs : MM. VANROEY,
   LEBLOND, MICHEL et POLLET.
21° U. N. M. R. de Lille : MM. ERNEST, ROMELARD et
   DEHAINE.
22° Roubaix : MM. GIBON, DERYCKE, DHOLLANDER, VAN-
   DERRUSTEN et BOURGOIS.
23° Tourcoing : MM. GRYSPEERTS, SANDRAPS et DHAZE.
24° Armentières : MM. CHARLES, VENNIN et DELACUISINE.
25° Gondecourt : MM. ROUSSEL, DEHORNE et LEROUGE.
26° Ascq : MM. MULLIEZ et GOCHON.
27° Salomé : M. GROUX.
28° Sainghin-en-Weppes : MM. GILLAUD et BILLIARD.
29° Valenciennes : MM. BOURDON et MAILLARD.
30° Saint-Amand : M. COPIN.
31° Denain : MM. FONTAINE et WALLERBERT.
32° Fresnes : MM. CHAILLET et HOULZE.
33° Escautpont : MM. MARECHAL et PETIT.
34° Vieux-Condé : MM. BOURDON et HAINAUT.

L'ordre du jour était le suivant :

1° Adhésion de l'Amicale des M. R. V. O. A. et Victimes Civiles
   de la Guerre de Vieux-Berquin ;
2° Dénombrement des membres de la Fédération ;
3° Situation financière au 31 octobre 1924 ;
4° Compte rendu moral semestriel et vœux des Associations ;
5° Action parlementaire ;
6° Facilités de circulation ;
7° Modification aux statuts de la Fédération ;
8° Renouvellement des membres du Comité Départemental en
   1925 ;
9° Proposition de M. VINCENT relativement à l'admission de la
   Fédération dans le Cartel des Associations Nationales ;
10° Réajustement du taux des pensions suivant le coût de la vie.

Avant de passer aux questions à l'ordre du jour, M. BALA-
VOINE prend la parole pour remercier au nom du Conseil d'administration tous les camarades qui sont venus les uns des environs,
mais beaucoup des coins les plus reculés du département, répon-
dant ainsi aux instructions du Conseil. Il exprime sa joie et son
émotion d'avoir vu plus de 5.000 mutilés se serrer derrière lui et
défiler avec calme et dignité au milieu de l'intérèt général de la
population. Il rappelle l'émotion du Préfet, ses paroles cordiales
et affirme son espoir dans la satisfaction prochaine de nos revendications.

(On trouvera d'autre part le manifeste de la Fédération dans le
compte rendu de la manifestation).

L'Amicale des M.R.V.C.A. et Victimes civiles de la Guerre de
Vieux-Berquin nous a envoyé son adhésion à la Fédération.
M. BALAVOINE lui souhaite la bienvenue et présente son président, M. DUMORTIER, qui est l'objet de chaleureuses acclamations. L'Association qui comprend 164 membres est admise.

M. BALAVOINE rappelle ensuite en quelques mots la force actuelle de la Fédération qui groupe : 45.217 membres ; 33 associations formant ensemble 87 sous-sections, soit 120 groupements.

SITUATION FINANCIERE

L'actif de la Caisse de la Fédération est de 11.585 fr. 04 à la
date du 31 octobre 1924.

En caisse	377.55
En banque	5.198.14
Débiteurs divers	6.009.35
Total	11.585.04

Le passif est de :

Bulletin de la Fédération	2.176 »

L'imprimeur n'a pas fait parvenir les factures des mois d'août,
ni de septembre et d'octobre actuellement à l'impression. Le passif peut donc être actuellement de 6.000 francs environ correspondant à peu de choses près au compte « débiteurs divers ».

Les recettes de l'année se sont élevées à 41.436 fr. 25 se répar-
tissant comme suit :

Cotisations, publicité, intérêts de compte-courant	10.901 20
Don du groupe parlementaire de régions dévastées	500 »
Don de l'Amicale des Greffiers de Commissions de dommages de guerre	1.763 05
Don d'une anonyme (à l'intention des aveugles)	1.000 »
Subvention de l'Office National	20.000 »
Subvention de la Ville de Dunkerque (Congrès)	5.000 »
Subvention de la Section de l'U.N.C. de Dunkerque (Congrès)	1.000 »
A reporter.	39.164 25

Report. 39.164 25

Subvention de l'Association des Mutilés de Dunkerque
(Congrès) .... 1.000 »
Dons divers et locations de place au Théâtre (Congrès) 272 »

Total 41.436 25

Les dépenses se sont élevées à la somme de 29.851.21 se répar-
tissant comme suit :

Congrès de Dunkerque 20.505 40
Bulletin mensuel 5.366 75
Frais d'administration 2.979 06
Versé aux œuvres d'aveugles .... 1.000 »

Total 29.851 21

A titre d'indication, il est spécifié que les capitaux sont dépo-
sés en compte-courant à la Société Générale, à Lille, 51, rue Nationale.

Ils ont produit un intérêt de 139 fr. 25 du 1er janvier au 30
juin 1924.

RAPPORT MORAL

La parole est donnée à M. LIBOTTE, secrétaire fédéral, qui
donne à l'Assemblée lecture du rapport moral

Messieurs,

L'intérêt de ce rapport moral semble devoir aller en décrois-
sant. Les associations par les soins du Secrétariat et du Bulletin
de la Fédération sont tenues au jour le jour au courant de l'activité de la Fédération, des décisions de son Conseil d'administration, en un mot de la vie de notre organisation. Je n'entrepren-
drai donc pas le compte-rendu intégral ni même partiel des travaux de la Fédération depuis son dernier congrès. Vous en trou-
verez les détails dans les séances du Conseil d'administration et
dans le Bulletin.

Le Bulletin prend au contraire une influence sans cesse gran-
dissante, il devient un instrument de travail et de documentation
sans pareil et nous ne pouvons que féliciter sa rédaction des services qu'elle nous rend et qui se perfectionneraient encore si les
Associations prenaient l'habitude de nous faire parvenir régulièrement en vue de leur insertion les comptes-rendus de leurs assemblées et de leurs délibérations.

Par la lecture de ces documents vous avez pu vous faire une
idée de l'action de vos dirigeants et de leurs préoccupations en
vue d'aboutir à la prompte solution des difficultés présentes et
la satisfaction des vœux légitimes que vous avez présentés.

A de nombreuses reprises et tout récemment encore le Conseil
d'administration a envoyé à Paris son président et même des délégations auprès du Ministre afin de lui faire connaître nos revendications. Notamment en ce qui concerne le réajustement des
pensions, les honoraires des médecins-experts et la fin d'un inci-
dent regrettable, enfin pour nous opposer à la nomination comme
surexpert du Docteur DAVID, dont la notoriété dans la sous-esti-
mation vous est connue.

La Fédération comme toutes choses a dû évoluer et son Conseil
d'administration a dû étudier la réforme d'une partie de son
organisation et la refonte de ses statuts. Ces modifications vous
seront exposées par votre président et vous aurez à dire si vous
les approuvez.

Le Conseil d'administration et le secrétariat se sont surtout
préoccupés d'obtenir la satisfaction des vœux votés au Congrès
de Dunkerque et il m'appartient de vous donner un aperçu de
notre action et des résultats que nous avons obtenus ou qu'il nous
est permis d'espérer. Pour plus de facilité, je suivrai l'ordre des
Commissions du Congrès de Dunkerque.

1re Commission : Grands Invalides

Les vœux de la 1re Commission ont été transmis aux Associations qui n'ont jusqu'à présent fait parvenir aucune communication ; à la Ligue Antituberculeuse qui nous a répondu qu'elle exa-
minerait ces vœux dans sa prochaine séance.

Ces vœux ont également été transmis à divers Ministères et au
Service de Santé.

M. le Médecin-Chef du Centre de Réforme de Lille nous a répondu par une lettre fort aimable nous promettant dès la nomination
des surexperts d'appliquer avec la plus grande largeur de vues
l'instruction du 15 août 1924 et afin d'éviter les sousestimations et
déférer aux surexperts tous les cas suspects.

Le Ministre de l'Hygiène et le Préfet du Nord nous ont accusé
réception de nos envois et déclaré qu'ils donnaient des instructions pour que leurs Administrations tiennent le plus grand
compte possible de nos desiderata.

Le Médecin-Chef de la Clinique d'Esquermes nous a assurés de
l'intérêt qu'il avait attaché aux vœux émis en faveur des invalides de guerre, réformés pour aliénation mentale. Il lui est
impossible vu l'exiguité des locaux d'Esquermes de réserver un
quartier spécial à nos malheureux camarades, mais il s'engage à
créer ce quartier quand l'Asile d'Armentières sera reconstruit.

2e Commission : Emplois réservés, emplois obliga^toires. Rééducation Professionnelle

Les vœux émis à Dunkerque ont été adressés à l'Office National
et au Ministère des Pensions qui se sont bornés à nous accuser
réception.

La loi du 26 avril 1924 assurant l'emploi obligatoire des mutilés
prévoyait qu'un règlement d'administration publique réglerait

son application et interviendrait dans les trois mois de sa promulgation.

Le règlement n'a pas encore paru mais le Ministre du Travail a demandé aux Comités Départementaux des avis relativement à la proportion d'emplois à réserver dans chaque spécialité. Les Associations ont été consultées, elles n'ont en général pas répondu. Le Comité Départemental se basant sur les chiffres fournis dans un rapport de l'Office National en 1923 et après accord avec l'Inspecteur du Travail a fourni ces renseignements qui vous ont d'ailleurs été communiqués dans le Bulletin de la Fédération d'août 1924, page 27.

3e **Commission : Facilités de circulation**

Les vœux ont été communiqués à l'Office National et au Ministère des Travaux publics qui a répondu le 23 septembre 1924 qu'il ne pouvait étendre les réductions accordées aux mutilés au-delà des avantages consentis par la loi.

En ce qui concerne les veuves de guerre, les grands réseaux ont déclaré ne pouvoir, par mesure générale, les faire bénéficier de facilités de circulation, mais ils ont promis d'examiner avec bienveillance les demandes de réduction qu'individuellement pourraient leur adresser des veuves dignes d'intérêt.

Pour les orphelins de guerre et comme suite à l'intervention du Ministère, les réseaux ont décidé d'accorder des bons à demi-place en 3e classe aux orphelins Pupilles de la Nation n'ayant pas d'autres ressources que celles de l'Office National et voyageant pour se rendre à l'école ou en sortir, ou retourner dans leur famille, ou aller à l'Office lors des principales vacances, ou à ceux qui voyageraient pour aller recevoir les soins nécessités par leur état de santé.

Nos revendications en ce qui concerne les petits réseaux ont heurtées à beaucoup d'hésitations par suite de la situation financière en général peu brillante de ces réseaux, mais il faut noter que le Conseil de perfectionnement de l'Office National a invité les Préfets à soumettre aux Conseils généraux la question de l'extension aux réseaux d'intérêt local des facilités de circulation accordées sur les grands réseaux.

L'ingénieur en chef des Ponts et Chaussées du Nord nous a demandé de nous faire connaître à 10 % près pour chaque ligne d'intérêt local, le nombre de mutilés de 25 à 50 % à qui la réduction demandée serait utile.

4e **Commission : Régime des Associations et loi des Pensions**

a) Situation légale des Associations et vote par le Parlement du statut légal des Associations.

Nous n'avons reçu de réponse ni du Ministre des Pensions, ni des Associations.

b) Inscrits maritimes, même situation.

c) Taux des pensions.

C'est un peu la question essentielle de l'heure présente et l'une des préoccupations principales de la Fédération. Vous m'excuserez d'être très bref sur ce sujet. Des voix plus autorisées que la mienne vous ont entretenu ou vous entretiendront bientôt de la question du réajustement du taux des pensions en harmonie avec le coût de la vie.

La Fédération avait mené depuis longtemps une campagne active en faveur du réajustement et en avait fait une des bases essentielles de son cahier de revendications remis à tous les candidats aux élections de mai 1924. La grande majorité de ceux-ci avaient promis leur soutien le plus absolu.

La 4ᵉ Commission du Congrès de Dunkerque sous la présidence de M. DESORBAIX avait émis, il vous en souvient, le vœu que tous les Mutilés reçoivent en sus de leur pension une indemnité de cherté de vie proportionnée au coût de la vie dont le coefficient serait à déterminer semestriellement en s'inspirant des décisions des Comités départementaux du coût de la vie.

A chacune de ses séances votre Conseil d'administration s'est occupé de ces questions. Je crois bien qu'il leur a d'ailleurs consacré autant de séances extraordinaires que de séances ordinaires. Des rapports aussi documentés que précis lui ont été soumis par M. VINCENT et l'Association de Dunkerque, M. SCREVE et l'Association de Douai, M. DERYCKE et l'Association de Roubaix, M. DESORBAIX et l'Association de Valenciennes, M. MAILLEZ et l'Association de Cambrai. Des communications lui ont été adressées par la Semaine du Combattant et la Fédération de l'Aisne.

Votre Conseil d'administration a estimé qu'une action énergique devait avoir lieu. Il a été suivi par toutes les Associations du 9 au 16 novembre ces associations se sont réunies, des meetings vibrants auxquels prenaient part des masses inusitées de Mutilés ont eu lieu un peu partout, de Dunkerque, de Douai, de Valenciennes, de Cambrai, de Tourcoing, de Roubaix, de Lille, des arrondissements d'Avesnes et d'Hazebrouck, du Nord au Sud du département, de partout des délibérations nous sont parvenues appuyant notre action. On peut dire que la Fédération tout entière s'est dressée pour affirmer l'unité de ses vues sur la nécessité de l'intangibilité des principes de la loi du 31 mars 1919. Elle a affirmé sa volonté de ne pas tolérer de catégorisations parmi les victimes de la guerre et a réclamé le réajustement du taux des pensions en harmonie avec le coût de la vie plus particulièrement élevé dans notre département.

L'ordre du jour du dernier Conseil a été présenté le 11 novembre par une délégation à M. le Préfet du Nord, il a été communiqué partout et adressé à chacun de nos parlementaires.

Toute cette campagne a abouti à la manifestation d'aujourd'hui à laquelle vous avez pris part et qui s'est déroulée dans le calme et dans la dignité au milieu de l'intérêt général.

d) Articles 14 et 16 de la loi du 31 mars 1919.

Le Congrès s'était préoccupé de la situation des femmes et enfants de nos camarades décédés des suites de maladie contractée en service quand le mariage était postérieur à la démobilisation. Un arrêt du Conseil d'Etat du 23 mai 1924 a établi une nouvelle jurisprudence. Le Minist e n'a pas encore fait connaître son avis.

e) **Différence du taux de pension entre les veuves de mobilisés morts de blessures et veuves de mobilisés morts de maladie. Le Ministre n'a pas répondu.**

f) **Modification de l'article 33 de la loi du 31 mars 1919, parâtres et marâtres.**

Un projet de loi a été déposé par notre camarade le député des-ROTOURS, il n'a pas encore abouti.

g) **Intransportables.**

Le Médecin-Chef du Centre de Réforme de Lille nous a fait connaître qu'il avait réorganisé son service. Nous n'avons eu jusqu'à présent connaissance d'aucune nouvelle critique.

Sur les autres points, les vœux ont été communiqués au Ministre qui n'a pas répondu.

5e Commission : Pupilles de la Nation

Les Sections cantonales seront reconstituées à la fin de cette année dans l'esprit de la loi du 26 octobre 1922. Le Comité interfédéral a pris toutes mesures utiles.

La Fédération a invité les Associations à lui faire connaître les personnes susceptibles de remplir les fonctions de correspondants. Elle a délibéré de la question en Conseil d'administration et décide de faire tous ses efforts pour que les Mutilés aient dans les sections la place qui leur revient. Elle a recommandé aux associations d'apporter beaucoup de soin dans le choix de leurs candidats, de ne désigner que des personnes présentant toutes garanties en dehors de toute préoccupation politique.

6e Commission : Moyens d'action de la Fédération

La Fédération vous le savez a envoyé un cahier de revendications à tous les candidats aux élections de mai. Le Congrès avait résolu d'exercer un contrôle effectif sur nos représentants. Nous avons à diverses reprises rappelé aux élus les promesses des candidats. Nous avons la ferme intention de les inviter à nous faire connaître les résultats de leur action parlementaire, mais il faut avouer que, à quelques exceptions près, si les promesses ont été chaleureuses et précises, elles semblent maintenant un peu oubliées.

Le Congrès de Dunkerque avait émis le vœu que dans chaque arrondissement les Associations de Mutilés, Réformés, Veuves, Ascendants, Anciens Combattants, Prisonniers de Guerre forment un Cartel.

Nous croyons savoir qu'un Cartel serait en formation à Hazebrouck, mais nous n'en avons pas la confirmation officielle.

Des événements récents ont montré que l'idée suit son cours, nous n'en voulons pour exemple que les échos de certaines manifestations, notamment de celle de Dunkerque.

Le Congrès de Dunkerque a également émis le vœu que la Fédération engage des pourparlers avec les membres élus des Comités Départementaux de France sur l'opportunité d'un collège comprenant les membres élus des Associations et pouvant arriver à constituer une sorte de représentation nationale des mutilés. La Fédération, vous le savez, entretient les meilleures relations avec les Fédérations voisines du Pas-de-Calais et de l'Aisne. Elle est en relations encore plus suivies avec la Fédération si active de la Seine-Inférieure. Notre Fédération a promis son concours le plus absolu et associé ses efforts à ceux de cette Fédération pour aboutir à la création d'un organisme commun assurant la représentation de toute la France Mutilée.

La Fédération de Seine-Inférieure a conçu le projet d'établir une liste concurrente de celle des grandes associations parisiennes en tenant compte des associations de la province. Nous avons donné notre adhésion au mouvement.

Un effort a été tenté, il semble qu'il puisse se préciser dans l'avenir.

VOTE DES VEUVES NON REMARIEES

Le vœu de Dunkerque a été transmis à M. le Président du Conseil.

Les autres vœux de la 6e Section ont été communiqués au Ministre des Pensions, à l'Office National.

Plusieurs d'entre eux sont inscrits à l'ordre du jour de la prochaine assemblée du Conseil supérieur de l'Office National.

En ce qui concerne les jardins ouvriers le Congrès franco-belge des jardins ouvriers a eu communication de nos vœux, il les a adoptés dans leur intégralité. Le rapport de M. VINCENT sur le crédit agricole a été adressé au Ministre de l'Agriculture qui l'a mis à l'étude.

Reste la question des vœux d'ordre général du Congrès. Les vœux sur la Sociétt des Nations ont été communiqués au Gouvernement, notamment celui de notre Camarade SCREVE, demandant que les Mutilés soient représentés d'une façon constante dans l'organisme renforcé de la Société des Nations.

Nos vœux ont reçu l'accueil le plus favorable et nous pouvons même dire qu'ils ont reçu un commencement d'exécution puisque le gouvernement a fait une place dans sa délégation à Genève à un de nos camarades mutilés dirigeant d'association qui s'est justement trouvé être M. CASSIN, professeur à la Faculté de Droit à Lille.

Ainsi que je vous l'ai dit au début de ce rapport, je n'ai pas voulu même esquisser un compte-rendu de tout ce que la Fédération et son Conseil d'administration ont fait pour aboutir à la satisfaction de vos revendications. c'est pourquoi le rapport malgré ses quelques précisions restera incomplet. Son seul but a été de vous rendre compte d'une partie de notre action.

M. BALAVOINE félicite le secrétaire fédéral de son exposé aussi complet que fidèle. Il en résume les points essentiels.

Il a cependant quelques paroles à y ajouter. Les services n'ont pas répondu à certaines de nos questions ou communications et c'est extrêmement fâcheux. Nous avons maintenant conscience de notre force ; nous confirmerons nos questions en exigeant une réponse dans la quinzaine et si on continue à ne pas répondre, nous ferons ce que nous avons fait ce matin, nous irons à quelques milliers présenter nos revendications au Préfet.

Il est un autre point ajoute le président sur lequel M. LIBOTTE a bien fait de dire la vérité, c'est sur le sort de nos interventions auprès des parlementaires ; on nous a fait beaucoup de promesses mais toutes n'ont pas été tenues.

Nous avons écrit à tous les parlementaires la lettre suivante :

1° Aux Sénateurs :

Monsieur le Sénateur,

J'ai l'honneur de vous adresser ci-joint un exemplaire de l'ordre du jour de la Fédération des Mutilés, au sujet du réajustement du taux des pensions.

Cet ordre du jour a été également adopté par la Fédération des Anciens Combattants du Nord.

Un exemplaire du compte-rendu des travaux du Congrès de Dunkerque vous est également adressé par ce même courrier.

Veuillez agréer, Monsieur le Sénateur, etc...

2° Aux députés :

Monsieur le Député,

Le Comité Interfédéral, dans sa séance du 11 mars dernier, avait décidé d'inviter tous les candidats aux élections législatives à nous répondre, notamment, à la question suivante :

« Acceptez-vous de défendre le programme des revendications des mutilés et anciens combattants dont un exemplaire est ci-joint. »

L'article 4 du cahier de revendications des mutilés est, d'autre part, ainsi conçu :

« Engagement par les élus de rendre compte tous les six mois à la Fédération des Associations de Mutilés, Réformés, Veuves, Orphelins et Ascendants de la Guerre, de leur action parlementaire en ce qui touche les revendications sus-énoncées. »

J'ai l'honneur, comme suite à votre lettre d'avril dernier, de vous prier de vouloir bien nous communiquer les résultats de votre action parlementaire et de vous faire connaître que les réponses seront insérées, comme précédemment, dans le Bulletin mensuel de la Fédération et le journal l' « Ancien Combattant du Nord ».

Le compte rendu des travaux du Congrès de Dunkerque nous est expédié par ce même courrier.

Veuillez agréer, Monsieur le Député, etc...

Et cette lettre a été adressée à :

SENATEURS DU NORD

Cambrai : M. BERSEZ.
Lille : M. DEBIERRE.
Saint-Amand : M. DAVAINE.
Tourcoing : M. DRON.
Douai : M. HAYEZ.
Dunkerque : M. MAHIEU.
Haubourdin : M. POTIE.
Avesnes : M. PASQUAL.

DEPUTES DU NORD

MM.
DANIEL-VINCENT, maire de Le Quesnoy (Nord).
LOUCHEUR, 9, rue Hamelin, Paris (16e).
L'Abbé LEMIRE, maire d'Hazebrouck.
MACAREZ, maire d'Haulchin, par Thiant (Nord).
Ch. DELESALLE, 197, rue Solférino, à Lille.
PLICHON, à Cassel.
GROUSSEAU, 26, rue Saint-Louis, à Versailles.
CRESPEL, maire de La Bassée.
des ROTOURS, maire d'Avelin.
NICOLLE, 293, avenue de Dunkerque, à Lille.
DELORY, maire de Lille.
COUTEAUX, maire de Saint-Amand.
ESCOFFIER, avocat à Douai.
GONIAUX, conseiller général, à Douai.
François LEFEBVRE, maire de Denain.
LEBAS, maire de Roubaix.
PLET, ancien maire de Caudry.
SAINT-VENANT, 17, rue des Augustins, à Lille.
BEAUVILLAIN, maire de Caudry.
BRIFFAUT, maire de Wattrelos.
BARRA Gustave, conseiller municipal à Saint-Pol-sur-Mer.
DESOBLIN, conseiller municipal à Aulnoye.

Nous avons reçu les réponses suivantes :

De M. SAINT-VENANT, député :

Monsieur le Président,

J'ai l'honneur de vous accuser réception de votre lettre du 15 courant, contenant avec vos revendications, le compte rendu des travaux du Congrès de Dunkerque.

En vous remerciant pour cette communication, je m'empresse de vous faire connaître que mon concours actif vous étant acquis, je m'efforcerai avec l'aide de mon groupe parlementaire d'obtenir la prise en considération de vos légitimes revendications.

Recevez, Monsieur le Président, l'assurance de mes meilleurs sentiments pour vous et votre groupement.

Signé : SAINT-VENANT.

De M. PLICHON, député :

Paris, le 21 novembre 1924

Monsieur le Président,

J'ai l'honneur de vous accuser réception de votre lettre du 15 novembre. Je suis toujours resté en étroit contact avec les anciens combattants, qui sont mes camarades de guerre et j'entends soutenir en toutes circonstances et défendre leurs droits légitimes.

Vous pouvez donc compter sur mon concours chaque fois que cela sera nécessaire.

Veuillez agréer, Monsieur le Président, l'assurance de mes sentiments les plus dévoués.

Signé : PLICHON.

De M. GONIAUX, député :

Paris, le 22 novembre 1924.

Monsieur le Président,

J'ai bien reçu votre lettre du 15 courant.

J'ai l'honneur de vous informer que j'observe avec la plus grande attention les négociations en cours entre le Gouvernement et le Comité d'entente des Groupements Nationaux des Mutilés et Anciens Combattants.

Comme je l'ai fait dans le passé, je soutiendrai avec la même ardeur les légitimes revendications dont vous vous faites l'ardent défenseur.

Veuillez agréer, Monsieur le Président, l'assurance de ma consi dération distinguée.

Signé : GONIAUX.

De M. DELESALLE, député :

Paris, le 21 novembre 1924.

Monsieur le Président,

En réponse au vœu du Comité Interfédéral des Fédérations des Mutilés et Anciens Combattants, j'ai l'honneur de vous faire connaître que j'ai toujours considéré comme sacrées et intangibles les deux lois du 31 mars 1919 et du 17 avril 1919 (charte du sinistré).

Je suis d'accord avec vous pour reconnaître que les bénéficiaires de celle du 31 mars sont les premiers créanciers de la nation et déclare repousser toute mesure créant des catégories parmi les victimes de la guerre.

Veuillez agréer, mon cher Président et Ami, l'expression de mes sentiments les plus dévoués.

Signé : DELESALLE

De M. GROUSSAU, député :

Paris, le 20 novembre 1924

Monsieur le Président,

J'ai l'honneur de vous accuser réception de votre lettre concernant les revendications des mutilés et anciens combattants.

J'ai conformé mon action parlementaire à celle du groupe des mutilés qui s'est constitué à la Chambre.

Veuillez agréer, Monsieur le Président, l'assurance de ma considération très distinguée.

Signé : GROUSSAU

De M. DANIEL-VINCENT, député :

Paris, le 20 novembre 1924.

Monsieur le Président,

Vous me demandez les résultats de mon action parlementaire au sujet des mutilés et des combattants depuis le mois de mai dernier.

Le mois de juin et la moitié de juillet ont été remplis par le règlement des affaires extérieures.

La Chambre n'est rentrée que depuis le 4 novembre, c'est-à-dire quinze jours.

Le budget des pensions n'est pas. venu encore en discussion.

Il nous a donc été matériellement impossible à mes collègues et à moi, en ce court laps de session — deux mois au plus, — des questions sur lesquelles, le 11 novembre, les mutilés ont justement appelé l'attention du gouvernement.

C'est sur les propositions qui nous seront encore présentées prochainement par celui-ci que nous aurons à donner notre avis et vous me ferez la faveur de penser que tout mon concours est acquis à ceux dont la réserve et la discrétion, que tout le pays a appréciés, augmentent la cordiale sollicitude que nous leur devons.

Votre bien dévoué.

Signé : DANIEL-VINCENT

De M. Ernest COUTEAUX, député :

Paris, le 18 novembre 1924.

Monsieur le Président,

J'ai reçu votre communication en date du 15 novembre 1924 et je tiens à vous déclarer que la défense des intérêts sacrés des mutilés et des victimes de la guerre, inscrite dans le programme du Parti Socialiste, reste pour moi un des devoirs les plus impérieux.

Depuis les dernières élections, les élus de notre parti, au cours de nombreuses réunions d'études, ont examinés les moyens les meilleurs pour que la situation des victimes de la guerre soit immédiatement améliorée et je crois pouvoir vous assurer que le maximum de résultat sera, sur ce point, obtenu cette année malgré la situation précaire de la Trésorerie française. Le vote du budget par la Chambre vous mettra, sous peu de jours, en état de vérifier ma présente déclaration.

En vous assurant une fois de plus de mon dévouement absolu à la cause que vous défendrez, soyez assuré, Monsieur le Président, de mes sentiments les meilleurs.

Signé : COUTEAUX

Paris, le 21 novembre 1924.

De M. HAYEZ, sénateur :

Monsieur le Président,

Vous avez bien voulu me transmettre, par votre lettre du 15 novembre courant, l'ordre du jour adopté par la Fédération des Mutilés et la Fédération des Anciens Combattants du Nord, au sujet du réajustement du taux des pensions.

J'ai l'honneur de vous en accuser réception et de vous faire connaître que je le soumettrai au Groupe Interparlementaire des départements dévastés, à sa plus prochaine réunion, en le signalant à sa bienveillante attention.

Le Président du Groupe Interparlementaire
des départements dévastés,

Signé : HAYEZ.

⋆

Nous ne pouvons donc pas dire que tous les parlementaires n'ont rien fait pour nous, ajoute M. BALAVOINE. Mais nous devons les contrôler. Nous le ferons et tous les six mois nous demanderons des comptes de leur action parlementaire, ainsi que vous m'en avez chargé par vos délibérations.

M. DESCAMPS demande qu'on signale les parlementaires qui ne répondront pas. Il est fait observer alors que le délai écoulé étant relativement court, on ne peut s'étonner de n'avoir que quelques réponses aujourd'hui. Mais toutes les réponses seront publiées au fur et à mesure qu'elles parviendront à la Fédération.

FACILITES DE CIRCULATION

Le Comité Départemental, comme suite à des vœux émis par le Conseil de perfectionnement de l'Office National (vœux ayant reçu l'approbation du Conseil général), a demandé que lors du renouvellement des contrats des Compagnies et à l'occasion de nouvelles concessions, des clauses fussent introduites dans les cahiers des charges afin de faire bénéficier les détenteurs de la carte d'invalidité, d'avantages à peu près analogues sur les chemins de fer d'intérêt commun que sur les chemins de fer des grands réseaux.

A la dernière réunion du Comité Départemental, M. SCRÉVE a suggéré que les Associations devraient intervenir auprès des Conseillers généraux de leur canton.

La Fédération a pris l'initiative d'envoyer la lettre ci-jointe. Les Associations pourraient, de leur côté, intervenir dans le même sens et dans le même but :

Lille, le 20 novembre 1924

Communication de la Fédération du Nord de la France des Associations de Mutilés, Réformés, eVuves, Orphelins et Ascendants de la Guerre, à Messieurs les Conseillers généraux du département du Nord, au sujet des réductions de tarifs en faveur des mutilés et réformés de la guerre, sur les voies ferrées d'intérêt local et tramways du département.

Messieurs les Conseillers généraux,

Dans sa séance du 24 mars 1920, le Conseil de perfectionnement de l'Office National des Mutilés et Réformés de la Guerre, constatant que le bénéfice du quart de place pour les invalides de la guerre (art. 2 de la loi du 14 février 1920), est limité aux voyages effectués sur les grands réseaux de chemins de fer d'intérêt général a exprimé le regret que cette mesure n'ait pu être étendue jusqu'ici aux réseaux secondaires d'intérêt général, aux lignes d'intérêt local et aux tramways. En émettant le vœu que cette extension puisse être réalisée dans le moindre délai possible, il a exprimé le désir que les Conseillers généraux fussent appelés, dans leur prochaine session a délibérer sur la question.

Dans sa séance du 5 mai 1920, le Conseil général du Nord a donné un avis favorable à cette proposition.

Le 19 janvier 1922, M. le Président du Conseil de perfectionnement de l'Office National a exprimé ensuite le vœu que les collectivités départementales, suivant l'exemple donné par le Parlement, voulussent bien étendre leur bienveillance à la nouvelle catégorie de réformés de guerre qu'intéresse la loi du 29 octobre 1921 (invalides de 25 à 45 %) en leur accordant des facilités de circulation réservés jusqu'ici aux seuls bénéficiaires de la loi du 14 février 1920 (invalides de 50 à 100 %).

Le Conseil général du Nord émit également un avis favorable à cette proposition dans sa séance du 29 septembre 1922.

En présence des difficultés multiples que rencontrent nos camarades par suite de la mauvaise volonté apportée par certaines compagnies de transport du département, nous venons signaler cette pénible situation.

Non seulement des Compagnies se refusent à accorder des concessions qui seraient pourtant équitables, certaines comme la Compagnie des Tramways de Lille, briment ceux des rares privilégiés détenteurs d'une carte de circulation, lors de l'échange de cette dernière, en cours d'année.

Enfin, sauf pour les aveugles, la carte d'invalidité n'est guère admise comme titre de circulation bien qu'il s'agisse d'une carte délivrée par le Préfet et valable sur les grands réseaux de chemins de fer.

Il nous a semblé qu'il nous suffirait de vous signaler ce fâcheux état de choses à une époque où un grand nombre de Compagnies renouvellent leurs contrats avec le département, pour que vous soyez en mesure de prendre en mains les intérêts des mutilés de la guerre en ce qui concerne les facilités de circulation à leur accorder sur les Compagnies de transport du département.

Les réponses que vous voudrez bien nous adresser à ce sujet seront reproduites dans notre Bulletin mensuel.

Dans l'espoir que votre concours ne nous fera pas défaut, Messieurs les Conseillers généraux, nous vous prions d'agréer l'assurance de notre considération très distinguée.

LE CONSEIL D'ADMINISTRATION.

REFORME DES STATUTS DE LA FEDERATION

M. BALAVOINE expose la situation générale. La Fédération a évolué et son cadre doit s'élargir. Les statuts faits au début doivent recevoir diverses modifications et ce sont ces modifications que la Fédération doit soumettre à l'approbation de cette Assemblée.

ARTICLE PREMIER

Le Conseil d'administration propose la rédaction suivante de l'article premier :

Il est fondé entre les diverses Associations ou Fédérations d'Associations d'Anciens Combattants, Mutilés et Réformés, de Veuves et Orphelins d'Ascendants de la Guerre, d'Anciens Combattants et d'Anciens Prisonniers de Guerre des départements situés au Nord de la France qui adhèrent aux présents statuts, une Fédération du Nord de la France. La durée de la Fédération est illimitée. Le nombre des Associations est sans limite. Chacune de ces dernières conserve son autonomie. Toutes celles dont le siège est situé dans une région précédemment envahie ou endommagée peuvent concourir au développement de la Fédération, souscrire à son programme.

La modification porte donc sur deux points ; le Conseil demande de pouvoir accepter l'admission des Associations et Fédérations d'Anciens Combattants.

M. BALAVOINE appelle l'attention de l'Assemblée sur les anciens combattants et en particulier sur ceux qui ont été endivisionnés qui peuvent être gazés ou paludéens. D'autre part, de nombreux mutilés, 12.000 environ sur 25.000, sont isolés ou enrôlés dans des Associations d'Anciens Combattants et nous aurions intérêt à les comprendre également dans nos effectifs.

M. CASSEL demande alors qu'on admette aussi les anciens prisonniers de guerre, dont beaucoup sont ou peuvent être en instance de pension et ont des intérêts communs avec nous.

Il ajoute que le vote des gazés va créer de nombreux motifs d'intervention pour nous parmi les anciens combattants, de même se posera également la question des paludéens.

Il y a enfin un point de vue financier qui n'est pas sans intérêt.

M. FONTAINE, de Denain, approuve l'idée. Les hasards de la guerre ont fait des combattants, des mutilés ou des anciens combattants. Lui-même représente une Section de Mutilés qui fait partie d'une Association de Combattants et il connaît beaucoup de cas semblables. Mais il lui vient une objection, c'est que les mutilés paieront deux cotisations.

Ce n'est pas l'avis du Conseil d'administration. Nous ne prendrons pas des isolés mais l'Association entière, après approbation d'une Assemblée générale. Nos statuts nous y obligent d'ailleurs.

M. GRYSPEERT critique au contraire la proposition.

Nous arriverons ainsi à prendre des gens qui n'ont pas fait la guerre : des gens restés en pays occupé pendant la guerre alors qu'ils étaient mobilisables, dit-il.

M. CASSEL proteste : Telle n'est certainement pas l'intention de la Fédération. Il y a d'ailleurs des jeunes gens qui ont fait partie des bataillons de discipline et qui ne seraient pas déplacés parmi nous. Il faut voir plus loin. Des combattants peuvent demander leur admission et nous ne pouvons pas les accepter parce que nos statuts l'interdissent. Pratiquement, il peut y avoir chez les combattants autant de Mutilés que chez nous. Il est des Mutilés isolés dans les communes éloignées qui ne peuvent constituer à eux seuls une association et sont trop éloignés de l'association de Mutilés pour en faire partie. Ne pouvant se rattacher à la Fédération qui n'accepte que des associations, ils s'inscrivent aux Combattants.

MM. GRYSPEERT et DERYCKE se refusent absolument à entrer dans cette voie. Les Mutilés isolés doivent s'inscrire aux associations de Mutilés. Il appartient à ces associations de Mutilés d'aller les chercher.

M. BALAVOINE estime que le débat dévie. Nous n'avons jamais voulu prendre des gens qui n'ont pas fait la guerre. Nous demandons seulement qu'on nous autorise à accepter les associations de Combattants qui demanderaient à faire partie de la Fédération des Mutilés, parce que ces groupements comprennent des Mutilés, des Veuves et des Ascendants qui sont privés de nos services actuellement.

M. SCREVE appuie les paroles de M. BALAVOINE ; M. GRYSPEERT l'interrompt et demande que soit inscrit au procès-verbal le vœu qu'il dépose qu'on admette chez les Mutilés que ceux qui peuvent justifier d'un titre de pension.

M. SCREVE lui fait remarquer que la Fédération des Mutilés ne peut pas intervenir dans la vie privée des associations qui sont libres de leur recrutement.

Il ajoute que le zèle de M. GRYSPEERT l'étonne et lui fait observer qu'il fait partie d'une association d'anciens Combattants et que cela ne l'empêche pas de faire partie de la Fédération, parce que les Mutilés, les Veuves et les Ascendants ont formé des groupes distincts mais qu'il n'en est pas de même partout et que c'est regrettable.

Le président demande la clôture de ce débat qui s'éternise et propose pour essayer de concilier les tendances, de renvoyer l'étude de la modification à l'examen de chaque association qui fera connaître son avis.

La proposition est adoptée à l'unanimité.

ARTICLE 2

Cette organisation a pour objet :

1° D'établir entre les groupements fédérés un lien de relation et un échange de vues permanent ;

2° D'étudier en collaboration toutes questions à intérêts communs ;

3° D'étudier les revendications de chaque groupe, de les réunir en un plan unique simple et précis et de les faire aboutir par tous les moyens licites ;

4° D'échanger périodiquement les demandes ou offres d'emploi.

L'article 2 est adopté à l'unanimité.

ARTICLE 3

Les cotisations des Associations adhérentes à la Fédération sont fixées comme suit :

De 0 à 25 membres.....................	5 fr. par an
Le 25 à 50 membres.....................	10 fr. par an
De 51 à 100 membres....................	25 fr. par an
De 101 à 200 membres..................	50 fr. par an
De 201 à 500 membres..................	75 fr. par an
De 501 à 1.000 membres................	100 fr. par an
Au-dessus de 1.000 membres.............	0 fr. 10 par membre
Au-dessus de 5.000 membres.............	0 fr. 10 par membre

M. DEKEIREL demande si par cette modification, la Fédération pourra boucler son budget.

Le trésorier répond que non ; la Fédération ne peut actuellement équilibrer son budget que grâce aux 20.000 fr. de subvention de l'Office National, attendu que les Congrès et le Bulletin coûtent excessivement cher.

M. DEKEIREL fait remarquer qu'il peut paraître piquant de voir une Fédération à la caisse pauvre alors que beaucoup des Associations en faisant partie sont riches. Le Conseil ne pourrait-il établir un budget qui permette à la Fédération de ne plus trop regarder aux détails et de faire aussi bonne figure que ses Associations. Il est chaudement appuyé par MM. DECRETON et DERYCKE.

Il est décidé que le Conseil préparera un projet de budget et que ce projet sera soumis aux Associations qui feront connaître leurs suggestions, lors de la prochaine Assemblée générale.

M. BALAVOINE propose que toute la question de modification des statuts soit étudiée par chaque Association pour être examinée lors de l'Assemblée semestrielle qui aurait lieu en mars 1925.

La proposition est adoptée à l'unanimité.

VŒUX DES ASSOCIATIONS

Association de Jeumont. — Sollicite les mêmes avantages en Belgique qu'en France en ce qui concerne les réductions de chemins de fer sur présentation de la carte d'invalidité.

A la suite d'un accord intervenu entre les deux départements, les mutilés belges résidant habituellement en France et inversement, bénéficient des mêmes avantages que dans leur pays d'origine.

Association d'Hautmont. — Demande que les agents du Trésor dans cette région acceptent la carte d'idendité de la Fédé ation en remplacement du certificat de vie.

Une intervention a été faite auprès de la Trésorerie Générale à ce sujet, la carte de la Fédération étant admise partout ailleurs.

Amicale de La Gorgue. — Demande que les subventions des Pupilles de la Nation soient payées sans distinction d'établissement d'enseignement et de situation de fortune.

Ce vœu a été inspiré pa une note dans les journaux intéressant les Pupilles de l'Assistance Publique, qui fréquentaient les écoles libres.

Association de Cassel. — M. DESCAMP demande un siège supplémentaire au Comité départemental pour l'arrondissement d'Hazebrouck.

M. CASSEL lui répond que c'est impossible pour le moment. La répartition ne pouvant être changée sans bouleverser l'ordre des délégués. Il s'agit, d'autre part, actuellement du renouvellement de la moitié des membres et le nombre total des membres élus n'est que de 22 pour tout le département. Hazebrouck a un délégué tout comme Avesnes et Cambrai. Valenciennes et Dunkerque n'en ont que 2, Douai en a 3, Lille y compris le Groupe départemental de l'A.G.M.G. en a 5, Roubaix 2, Tourcoing 2, enfin, 3 places sont réservées aux veuves de guerre.

M. DESCAMPS pose la même question pour le Conseil d'administration. M. BALAVOINE promet d'étudier la question et d'essayer de lui donner satisfaction.

RENOUVELLEMENT DES MEMBRES ELUS AU COMITE DEPARTEMENTAL

11 membres sont sortants.

> MM. BALAVOINE, U.N.M.R.V.O. Lille.
> ARNOUX, U.N.M.R. Lille.
> CANNIE, A.G.M.G. La Madeleine.
> VINCENT, Dunkerque.
> FAURE, Hazebrouck.
> MALLEZ, Cambrai.
> Mme LEROUX, Aide aux Veuves, Cambrai.
> MM. DERYCKE, Roubaix.
> VANDENBERGHE, Tourcoing.
> GRYSPEERT, Tourcoing.
> LEMAIRE, St-Amand.

M. ARNOUX, qui a quitté l'U. N. M. R., ne sollicite pas le renouvellement de son mandat. M. ERNEST, au nom de l'U. N. M. R., propose son remplacement par M. de PAWILOVSKI.

M. VANROEY fait remarquer que M. de PAWILOVSKI fait partie de plusieurs groupements. M. ERNEST propose sa propre candidature ; l'Assemblée décide qu'elle attendra la proposition officielle de l'U. N. M. R.

D'autre part, M. PERIN, d'Avesnes, cumule les fonctions de

membre du Comité Départemental et de vice-président de la Fédération. Il ne vient ni aux assemblées de l'un, ni aux assemblées de l'autre et son arrondissement n'est pas représenté. L'Assemblée décide de demander sa démission à M. PERIN et de le remplacer par M. LEBLOND, de Landrecies, dont le rôle très actif a toujours été remarqué.

REAJUSTEMENT DU TAUX DES PENSIONS

M. BALAVOINE donne lecture des vœux des Associations qui sont tous applaudis et qu'on trouvera annexés à ce compte rendu.

M. DERYCKE demande qu'on vote un ordre du jour de remerciements.

M. BALAVOINE le félicite de l'idée et propose que pour plus de publicité l'ordre du jour de remerciements sera répandu par la voie de la presse.

M. VINCENT prend à son tour la parole pour déposer trois vœux.

1° Qu'une motion de félicitations soit adressée au Groupement d'Entente des Grandes Associations de Paris pour les résultats qu'a obtenus son action.

Le vœu est adopté à l'unanimité.

2° Que ce Comité d'Entente réserve une place à la Fédération des Mutilés du Nord, en tenant compte de son activité et de son effectif.

Le vœu est adopté.

3° Qu'on tende à créer une Confédération des Victimes de la Guerre et qu'on fasse appel à toutes les Associations nationales et à tous les membres élus des Comités Départementaux.

M. VINCENT déclare qu'il n'entre dans ses intentions aucune idée d'hostilité contre les grandes Associations, mais seulement le désir d'aboutir à un organisme ayant une véritable puissance parce que représentant tous les mutilés de France élus par leurs camarades dans leurs départements.

Le vœu est adopté et renvoyé pour réalisation au Conseil d'administration.

La séance est levée à 6 heures 30.

Lille, le 23 novembre 1924.

Le Secrétaire fédéral,
Achille LIBOTTE.

———————<•>———————

Comité Départemental
des Mutilés et Réformés de la Guerre du Nord

ASSEMBLEE GENERALE DU 8 NOVEMBRE 1924

Le Comité Départemental tient sa 11e Assemblée générale de l'année 1924, à la Préfecture, le samedi 8 novembre, à 14 h. 30, sous la présidence de M. SCRÈVE. M. CASSEL, chef des Services administratifs, remplit les fonctions de secrétaire.

Sont présents à cette séance : MM. le docteur BOURDON, président de la Commission départementale ; docteur DELPY, représentant le Directeur du Service de Santé ; docteur MOY, médecin-chef du Centre spécial de Réforme de Lille ; docteur MENEAU, médecin-chef du Centre d'Appareillage de Lille ; le sous-intendant militaire RABAULT ; SOITOUX, directeur de l'Ecole des Mutilés de Tourcoing, et TOURRENG, directeur de l'Ecole des Veuves de Guerre de Malo-les-Bains, membres nommés.

Mmes LEROUX, DENOYELLE et THOMASSIN ; MM. CANIVEZ, PENEZ, CANNIE, GIBON, DERYCKE, GRYSPEERT et DESORBAIX, membres élus.

* *
*

L'ordre du jour comporte des questions relatives à la rééducation professionnelle, aux emplois réservés, aux facilités de circulation, ainsi que des vœux émanant des Comités Départementaux de la Vienne et de la Mayenne.

Une communication de l'Office National des Mutilés et Réformés de la Guerre au sujet de la Maison de Retraite des Invalides de Guerre donne lieu à un vœu en faveur du département du Nord.

Une Maison de Retraite destinée à recevoir les invalides de guerre incapables de pourvoir à leur subsistance par leurs propres moyens, va s'ouvrir dans le Calvados. L'institution projetée assurera l'hébergement des invalides de guerre implaçables dont le pourcentage est au moins égal à 30 %. Toutefois, dans certains cas, les pensionnés dont le pourcentage est inférieur au minimum ainsi fixé, pourront cependant être admis à la Maison de Retraite dont l'ouverture est prévue. Les invalides de guerre implaçables que cette institution intéresse, sont priés de se faire connaître au Comité Départemental, 18, rue Boissy-d'Anglas, à Lille.

L'Assemblée examine ensuite 17 demandes de prêts professionnels de 3 à 10.000 fr. : 2 demandes de prêts pour favoriser l'établissement de mutilés rééduqués : 6 demandes de prêts pour habitations à bon marché ; 4 demandes de secours à titre remboursable, etc...

Le président de séance communique quelques rapports des services administratifs du Comité Départemental et des statistiques mensuelles.

FONCTIONNEMENT DU SERVICE DES EMPLOIS RÉSERVÉS
DEPUIS LA PUBLICATION DU DÉCRET
DU 13 JUILLET 1923

Lors de l'Assemblée générale du 11 octobre 1924, le Service des Emplois Réservés, institué au Comité Départemental depuis la publication du décret du 13 juillet 1923, avait constitué 617 dossiers concernant les emplois réservés de diverses catégories.

EMPLOIS COMMUNAUX. — Notamment, on comptait à cette date 423 dossiers concernant exclusivement les emplois communaux.

Depuis, il a été enregistré de nouvelles candidatures pour les emplois désignés ci-après :

a) **Emploi d'agent de police à Hazebrouck.** — 14 candidatures nouvelles, ce qui fait au total 15 candidatures pour cet emploi.

b) **Emploi de préposé d'octroi à Maubeuge.** — 9 candidatures.

c) **Emploi d'agent de police à Anzin.** — 1 candidature nouvelle donc au total : 6 candidatures pour cet emploi.

D'autre part, en application de l'article 8 de la loi du 30 janvier 1923, le Comité Départemental a été avisé des vacances d'emplois énumérées ci-dessous :

Le 27 octobre 1924. — Un emploi d'agent de police à Malo-les-Bains ; un emploi de commis aux écritures de la Section de Roubaix au Service municipal des Eaux de Roubaix et de Tourcoing, 3 candidatures se sont déjà manifestées pour cet emploi.

Le 29 octobre 1924. — Un emploi de préposé d'octroi à Tourcoing.

Le 3 novembre 1924. — Cinq emplois d'agent de police à Lille.

RECETTES BURALISTES. — Le Comité Départemental a reçu avis le 4 octobre 1924 des recettes buralistes de Gommegnies et de Monchecourt.

Le Comité Départemental a déjà enregistré deux candidatures pour la recette buraliste de Monchecourt.

CONCLUSIONS. — En résumé, on compte actuellement 652 dossiers traitant les emplois réservés dont 124 dossiers concernant les recettes buralistes et 454 dossiers concernant les emplois communaux, les autres dossiers concernant les affaires diverses relatives aux emplois réservés.

Enfin, le nombre des publications administratives circulantes envoyées aux Associations et traitant également des emplois réservés est passé de 47 à 50.

Indépendamment de la constitution de ces dossiers, il a été répondu à 668 demandes de renseignements concernant les emplois réservés, soit à l'aide des bulletins de recensement, soit à des demandes individuelles.

PROPAGANDE
EN FAVEUR DE LA REEDUCATION PROFESSIONNELLE ET DES EMPLOIS RESERVES

Il a été spécifié dans le précédent compte rendu que 10.909 bulletins de recensement avait été dépouillés à la date du 30 septembre 1924.

A la date du 31 octobre dernier, il avait été envoyé 13.765 bulletins de recensement.

Mutilés et réformés	7.698
Veuves de guerre	6.067
Total	13.765

et 11.807 réponses étaient parvenues :

Mutilés et réformés	6.015
Veuves de guerre	5.692
Total	11.807

Ont répondu « oui » en ce qui concerne l'apprentissage d'un nouveau métier :

Mutilés et réformés	96
Veuves de guerre	17
Total	113

Ont répondu « oui » en ce qui concerne un emploi réservé :

Mutilés et réformés	447
Veuves de guerre	48
Total	495

Ont répondu « oui » aux deux questions (apprentissage et emplois réservés) :

Mutilés et réformés	55
Veuves de guerre	4
Total	59

On compte par conséquent d'après ce recensement, 11.140 pensionnés qui ne sont pas susceptibles actuellement de bénéficier de la rééducation ou qui ne réclament pas le bénéfice des emplois réservés ou qui ont répondu « non » aux deux questions.

Mutilés et réformés	5.417
Veuves de guerre	5.723
Total	11.140

Le nombre des admissions en rééducation prononcées au 31 octobre dernier, comme suite à cette propagande et à celle effectuée au Comité Départemental, dans les diverses, est de :

Mutilés et réformés militaires	32
Victimes civiles (hommes)	16
Veuves de guerre	14
Total	**62**

On compte d'autre part :

En instance à l'Office National	5
En cours d'instruction au Comité Départemental	25
Relevant de l'Œuvre d'Assistance aux Blessés Nerveux admis à Arnouville-lez-Gonesse	2
En instance d'admission à Arnouville-lez-Gonesse	10
Admis à la Maison de Santé de Thiais	2
N'ayant pas donné suite pour raison de santé	4
Désistements ou sursis	30
N'ayant pas encore fait connaître leurs intentions définitivement	66
Total	**144**

En résumé, dans les 6.015 mutilés et réformés dont les bulletins de recensement étaient revenus au Comité Départemental à la date du 31 octobre dernier dûment remplis, on relève :

Fonctionnaires d'avant-guerre ou titulaires d'un emploi réservé	441
Mutilés et réformés rééduqués	251
Réformés 100 % pour tuberculose	122
Réformés 100 % pour aliénation mentale	43
Réformés 100 % : article 10 ou 12	47
Réformés pour dépression mentale et physique	75
Décédés depuis le dernier recensement	124
Ayant quitté momentanément le département	124
Partis sans laisser d'adresse	71
Ayant refusé de répondre	3
Exerçant régulièrement leur profession (ou sans profession)	4.116
Ayant répondu « oui » (apprentissage)	96
Ayant répondu « oui » (emplois réservés)	447
Ayant répondu « oui » aux deux questions	55
Total	**6 015**

En ce qui concerne les grands invalides (art 10 et 12) on compte :

Amputé double (jambes)	2
Amputé double (bras et jambe)	5
Ankylosé des membres inférieurs	1
Aveugle ou perte de vision prononcée	9
Mal de pott	8
Paralysie (membres inférieurs ou supérieurs)	11
Mutilation de la face	3
Hémiplégie	4
Myocardite chronique	1
Tuberculose pulmonaire	1
Entérite chronique	1
Affaissement de la paroi thoracique	1
Total	**47**

Les mutilés et réformés exerçant régulièrement leur profession se répartissent comme suit (sans tenir compte des fonctionnaires ou titulaires d'un emploi réservé et des mutilés rééduqués) :

Commerce, industrie, bâtiment, transports, etc.	3.672
Agriculture	358
Professions libérales	86
Total	**4.116**

Commerce et Industrie

Commerce, transports, négoce, etc.	541
Bois	193
Fers et métaux	478
Cuir	76
Bâtiment	424
Usines	183
Verrerie	25
Textile	440
Manœuvres et journaliers	507
Professions diverses	392
Sans professions	355
Ouvriers des ports	58
Total	**3.672**

Agriculture

Cultivateurs	236
Herbagers	8
Jardiniers-maraîchers	37
Ouvriers agricoles	77
Total	**358**

Professions libérales

Avocats, médecins, pharmaciens, ingénieurs	52
Militaires en activité	17
Ecclésiastiques	17
Total	**86**

Veuves de guerre

Parmi les 5.792 veuves de guerre dont le bulletin de recensement était parvenu au Comité Départemental à la date du 31 octobre dernier, on relève :

Ayant fait l'apprentissage d'un nouveau métier	120
Décédées depuis le dernier recensement	4
Aliénées et internées	4
Remariées	1.718
Remariées à des sujets étrangers : Belges	19
Remariées à des sujets étrangers : Portugais	2
En instance de pension	25
Fonctionnaires	40
Entrepreneur de menuiserie	1
Commerçantes	2.1
Professeur de piano	1
Cabaretières	115
Couturières	37
Modistes	8
Repasseuses	3
Ménagères	1.859
Employées	65
Ouvrières (professions diverses)	887
Sans professions	420
Brasseurs	2
Cultivatrices	145
Avicultrice	1
Maraîchères	6
Batelières	5
Résidant momentanément dans d'autres départements	2
Parties sans laisser d'adresse	13
Ayant répondu « oui » (apprentissage)	17
Ayant répondu « oui » (emplois réservés)	48
Ayant répondu « oui » aux deux questions	4
Total	**5.792**

Le recensement par profession dans chaque branche de commerce, d'industrie, etc..., est tenu à jour et figurera dans le compte-rendu annuel, ainsi que la situation par pourcentage d'invalidité et, si possible, par nature d'infirmité. Ces renseignements présenteront donc également quelque intérêt au point de vue statistique.

Les dossiers des pensionnés qui ne figurent pas encore au fichier sont ouverts au fur et à mesure et il est permis d'escompter
que, dans le courant de la prochaine année, le fichier contiendra
environ 25.000 bulletins individuels de Mutilés et Réformés ; on
en compte actuellement 19.479, et un nombre correspondant de
dossiers contenant les demandes de carte d'invalidité ou de priorité, les décisions concernant les demandes de secours ou de
prêts d'honneur, les interventions, les enquêtes, etc...

COMMISSION DES PRETS D'HONNEUR

Une Commission a été nommée lors de l'attribution par « La
Société Générale » d'un don pour consentir des prêts à des mutilés particulièrement intéressants et ces sortes de demandes sont
mises au point avant d'être présentées en assemblée générale.

Cette manière de procéder a donné les meilleurs résultats prati-
ques, les membres de la Commission du don de la Société Générale ayant acquis une certaine expérience.

Le nombre des demandes de prêts et de secours remboursables
augmentent dans de notables proportions ; l'Assemblée décide
qu'une Commission sera nommée pour examiner avant les assemblées, les dossiers administratifs des emprunteurs pour faciliter
le travail des assemblées plénières.

M. GIBON est nommé rapporteur des prêts d'honneur et MM.
DERYCKE, PENEZ et SOITOUX sont désignés pour faire partie
de cette Commission.

ALLOCATIONS ET SECOURS DIVERS AUX MUTILÉS, REFORMES ET VEUVES PENSIONNEES DE LA GUERRE

Des secours s'élevant ensemble à la somme de 4.260 francs ont
été attribués pendant le mois d'octobre à des Mutilés et Réformés,
à des Veuves pensionnées de la guerre se trouvant dans la gêne
momentanément, à des malades aliés, à des célibataires (tuberculeux de guerre) suivis par les dispensaires d'Hygiène sociale.

Le nombre de familles secourues dans ces conditions est de 53
(maladie : 19 ; chômage : 2 ; indigence : 19 ; secours exception-
nels : 4 ; célibataires suivis par les dispensaires antitubercu-
leux : 9).

Secours aux Mutilés et Réformés chargés de famille

Des secours s'élevant ensemble à la somme de 1.200 francs ont
été alloués pendant le mois d'octobre à des Mutilés et Réformés
de la guerre particulièrement chargés de famille (10 familles
comprenant ensemble 46 enfants ont été secourues dans ces conditions).

Secours exceptionnels aux Mutilés, Réformés et Veuves pension-
nées de la guerre rééduqués ou réadaptés

Sur la proposition de M. le Directeur de l'Ecole des Mutilés de
Tourcoing, 1 prime d'outillage de 90 francs a été accordée pendant le mois d'octobre à M. KIEPE Joseph, à Corbehem.

Allocations et secours divers aux Veuves de guerre et aux Ascendants de militaires morts pour la France

En application de la circulaire n° 862/R de l'Office National en date du 26 janvier 1923, des secours et allocations s'élevant ensemble à 1.660 francs ont été alloués pendant le mois d'octobre à 55 Ascendants de militaires morts pour la France.

Allocations aux familles des victimes de la guerre en rééducation

Les allocations attribuées pendant le mois d'octobre au profit des Mutilés et Réformés et des Veuves pensionnées de la guerre chargés de famille et se trouvant actuellement en rééducation dans les écoles, s'élèvent à la somme de 3.320 fr. 75 et se répartissent comme suit :

19 Mutilés et Réformés (21 enfants admis au bénéfice de l'allocation)	1.961 75
16 Veuves pensionnées de la guerre (32 enfants admis au bénéfice de la rééducation)	1.359 »
Total.........................	3.320 75

Allocations aux familles de tuberculeux et autres réformés de guerre réhospitalisés

Les allocations attribuées pendant le mois d'octobre au profit des familles de tuberculeux et d'autres réformés de guerre réhospitalisés s'élèvent à la somme de 10.636 fr. 75 et se répartissent comme suit :

7 familles de tuberculeux hospitalisés (6 enfants admis au bénéfice de l'allocation)	499 »
2 familles de Mutilés réhospitalisés (5 enfants admis au bénéfice de l'allocation)	380 25
72 familles de tuberculeux proposées par les dispensaires d'hygiène sociale (131 enfants admis au bénéfice de l'allocation)	6.982 50
27 familles de tuberculeux soignés à domicile et suivis régulièrement par leur médecin-traitant (46 enfants admis au bénéfice de l'allocation)	2.775 »
Total......................	10.636 75

Allocations aux familles des Veuves de guerre atteintes de la tuberculose et suivies par un dispensaire d'hygiène sociale ou par un médecin-traitant

Les allocations attribuées pendant le mois d'octobre au profit des familles des Veuves de guerre atteintes de la tuberculose et suivies par un dispensaire d'hygiène sociale ou par un médecin-traitant s'élèvent à 1.470 francs et se répartissent comme suit :

12 Veuves de guerre proposées par les dispensaires d'hygiène sociale (22 enfants admis au bénéfice de l'allocation)	1.020 »
4 Veuves de guerre suivies par un médecin-traitant (8 enfants admis au bénéfice de l'allocation)	450 »
Total......................	1.470 »

Allocations aux familles des pensionnés de guerre soignés à domicile pour affection consécutive à la maladie ou à la blessure ayant donné lieu à l'attribution de la pension

Les allocations attribuées pendant le mois d'octobre s'élèvent à la somme de 1.593 fr. 75 et se répartissent comme suit .

10 familles de réformés de guerre soignés à domicile (20 enfants admis au bénéfice de l'allocation)......	1.593 75

Secours d'urgence

Le Chef des Services administratifs du Comité a accordé dans le courant du mois d'octobre un secours d'urgence de 25 francs.

Hébergement

Pendant le mois d'octobre, le Comité départemental a délivré 45 journées d'hébergement : 24 à des pensionnés originaires du Pas-de-Calais, 6 à des pensionnés originaires du Nord, 3 à un pensionné originaire de la Marne, 3 à un pensionné originaire de la Seine, 3 à un pensionné originaire de la Sarthe, 3 à un pensionné originaire des Ardennes et 3 à un pensionné né en Italie.

La séance est levée à 17 h. 30.

Le Secrétaire Général du Comité Départemental,
P. CASSEL.

REPUBLIQUE FRANÇAISE — PREFECTURE DU NORD

COMITÉ DÉPARTEMENTAL DES MUTILÉS ET RÉFORMÉS DE LA GUERRE DU NORD

18, Rue Boissy-d'Anglas, LILLE

Le Préfet du Nord, président du Comité départemental des Mutilés et Réformés de la guerre du Nord,

Vu la loi du 2 janvier 1918,

Vu le décret du 24 juin 1920 portant modification au décret du

26 octobre 1919 relatif à la création d'un Comité départemental des Mutilés et Réformés de la guerre dans le département du Nord et fixant le nombre des membres de ce Comité ainsi que l'étendue de sa circonscription,

Vu la loi du 5 août 1920,

Vu le décret en date du 12 octobre 1920 modifiant la composition de l'Office National, des Comités départementaux et locaux des Mutilés et Réformés de la guerre, ainsi que le mode de désignation des membres de ces organismes, en instituant un Conseil supérieur de l'Office National des Mutilés et Réformés de la guerre et notamment l'article 3 du dit décret,

Vu la circulaire n° 12.927 de l'Office National des Mutilés et Réformés de la guerre, en date du 23 septembre 1922, relativement à la formation du Collège électoral,

Vu la circulaire n° 13.814 de l'Office National des Mutilés et Réformés de la guerre, en date du 16 octobre 1922, relativement à la participation des Sociétés de Secours-Mutuels, constitués sous le régime de la loi du 1er avril 1898 et composés uniquement de Mutilés, de Réformés et de Veuves de guerre, aux opérations électorales,

Vu l'arrêté et circulaire du 22 février 1923 relatifs à l'élection des membres des Comités départementaux et locaux des Mutilés et Réformés de la guerre (Modification à l'arrêté du 28 octobre 1920) relativement au vote par correspondance,

ARRETE :

Article Premier. — En vue de l'élection des membres du Comité départemental des Mutilés et Réformés de la guerre du Nord, en 1925 et conformément aux bases déterminées par l'article 3, 7e alinéa du décret du 12 octobre 1920, le Collège électoral sera composé de 58 délégués électeurs, choisis par les membres des Conseils d'administration des Associations désignées ci-après :

Amicale des Mutilés et Réformés n°s 1 et 2 de Maubeuge, Sous-Sections d'Hautmont et de Jeumont ; siège social à Maubeuge : 373 Mutilés et Réformés.. 2 délégués

Union des Mutilés et Réformés du Cambrésis ; siège social à Cambrai : 592 Mutilés et Réformés .... 2 délégués

Amicale « Aide et Protection » aux Mutilés, Réformés, Veuves, Orphelins et Ascendants de Caudry et environs ; siège social à Caudry : 50 Mutilés et Réformés .... 1 délégué

Association de Mutilés et Retraités de guerre, Veuves et Ascendants de Combattants de Solesmes (Morts pour la France) ; siège social à Solesmes : 20 Mutilés et Veuves de guerre .... 0 délégué

Union Nationale des Mutilés, Réformés et Veuves de guerre de l'arrondissement de Douai ; siège social à Douai : 1.411 Mutilés et Veuves de Guerre........ 4 délégués

Union Nationale des Mutilés, Réformés et Veuves de guerre, Section d'Aniche ; siège social à Aniche : 104 Mutilés et Veuves de guerre .... 1 délégué

Association des Mutilés et Réformés de l'arrondissement de Dunkerque ; siège social à Dunkerque : 1.420 Mutilés et Réformés .... 4 délégués

Association Mutuelle des Mutilés et Réformés de Coudekerque-Branche ; siège social à Coudekerque-Branche : 36 Mutilés et Réformés .... 1 délégué

Association des Veuves de guerre, Orphelins et Ascendants de l'arrondissement de Dunkerque ; siège social à Dunkerque : 656 Veuves de guerre .... 3 délégués

Association des Mutilés, Réformés et Veuves de guerre des cantons d'Hazebrouck ; siège social à Hezebrouck : 152 Mutilés et Veuves de guerre........ 1 délégué

Union des Mutilés, Réformés, Veuves, Orphelins et Ascendants du canton de Cassel ; siège social à Cassel : 381 Mutilés et Veuves de guerre .... 2 délégués

Amicale des Mutilés, Réformés et Veuves de guerre de Merville ; siège social à Merville : 143 Mutilés et Veuves de guerre .... 1 délégué

Amicale des Mutilés, Réformés, Veuves, Ascendants et Victimes civiles de la guerre de La Gorgue ; siège social à La Gorgue : 53 Mutilés et Veuves de guerre 1 délégué

Amicale des Mutilés, Réformés, Veuves, Ascendants et Victimes civiles de la guerre d'Estaires ; siège social à Estaires : 49 Mutilés et Veuves de guerre...... 1 délégué

Union des Mutilés, Réformés et Veuves de guerre de Lille et environs ; siège social à Lille : 1.824 Mutilés et Veuves de guerre .... 5 délégués

Association générale des Mutilés de la guerre (groupe départemental) ; siège social à Lille : 1.799 Mutilés et Réformés .... 5 délégués

Union Nationale des Mutilés, Réformés et Veuves de guerre, Section de Lille ; siège social à Lille : 125 Mutilés et Veuves de guerre .... 1 délégué

Union des Mutilés et Réformés de Roubaix, Lannoy et leurs cantons ; siège social à Roubaix : 2.018 Mutilés et Réformés .... 5 délégués

Groupe des Mutilés de Tourcoing et ses cantons ; siège social à Tourcoing : 846 Mutilés et Réformés.. 3 délégués

Groupe des Remplaçants de Tourcong et ses cantons ; siège social à Tourcoing : 424 Veuves de guerre 2 délégués

Association d'Aide aux Veuves de guerre ; siège social à Lille : 2.296 Veuves de guerre............. 5 délégués

Union des Combattants, Mutilés, Réformés, Veuves et Orphelins de la grande guerre de Gondecourt ; siège social à Gondecourt : 21 Mutilés et Veuves de guerre 0 délégué

Union des Combattants de Seclin (Section de Mutilés et Veuves de guerre) ; siège social à Seclin : 125 Mutilés et Veuves de guerre .... 1 délégué

Section des Mutilés, Réformés et Veuves de guerre de la Chapelle-d'Armentières ; siège social à la Chapelle-d'Armentières : 28 Mutilés et Veuves de guerre 1 délégué

Union Nationale des Combattants, Section d'Ascq, Section des Mutilés et Veuves de guerre ; siège social à Ascq : 35 Mutilés et Veuves de guerre............. 1 délégué

Union Nationale des Mutilés et Réformés pour blessures de guerre de Croix ; siège social à Croix : 83 Mutilés et Réformés .... 1 délégué

Union des Mutilés et Réformés de Valenciennes et environs ; siège social à Valenciennes : 498 Mutilés et Réformés .... 2 délégués

Association des Mutilés et Réformés de St-Amand ; siège social à St-Amand : 124 Mutilés et Réformés 1 délégué

Ligue des Poilus de Denain (Section de Mutilés) ; siège social à Denain : 74 Mutilés et Réformés...... 1 délégué

Total.................... 58 délégués

Article 2. — MM. les Présidents des Associations intéressées recevront du Comité les renseignements nécessaires par voie de circulaire. Ils seront invités à faire procéder aux élections par leur Conseil d'administration dans un délai maximum de 10 jours, à peine de forclusion, à compter du jour de la notification des instructions.

Article 3. — Le Chef des Services administratifs du Comité est chargé de l'exécution du présent arrêté.

Lille, le 15 novembre 1924.

Le Préfet du Nord :
Président du Comité Départemental des
Mutilés et Réformés de la guerre.
Louis HUDELO.

ELECTIONS DES MEMBRES ELUS DES COMITES DEPARTEMENTAUX

L'arrêté du 28 octobre 1920 relatif à l'élection des membres des Comités départementaux a été modifié par l'arrêté et circulaire du 22 février 1923 dont les dispositions principales sont les suivantes :

DECLARATION DE CANDIDATURE. — ‚Les déclarations de candidature doivent être adressées par lett·e recommandée quinze jours au moins avant la date des élections telle qu'elle a été fixée par arrêté préfectoral, au Comité départemental qui en donne récépissé dans les quarante-huit heures.

Chaque candidat homme doit·produire à l'appui de sa candidature :

1° Une copie certifiée conforme de son titre de pension ou de la première page de son livret de pension ou de son titre d'allocations provisoires d'attente.

2° Un extrait de casier judiciaire ayant moins de trois mois de date.

3° Un état signalétique et des services.

Il est exigé de chaque candidat femme :

1° Une copie certifiée conforme du titre de pension ou d'allocations provisoires d'attente.

2° Un extrait du casier judiciaire ayant moins de trois mois de date.

3° Un certificat du maire attestant la nationalité française de la candidate.

COMMISSION DES ELECTIONS. — SON ROLE. — Une Commission composée de deux membres nommés et de deux membres élus du Comité départemental désignés par leurs collègues et placée sous la présidence du préfet ou de son représentant, donne son avis sur la liste des candidats fixée par arrêté préfectoral et adressée ensuite aux délégués électeurs et solutionne provisoirement les litiges qui s'élèveraient éventuellement au sujet des élections.

VOTE. — L'élection a lieu par correspondance, au scrutin de liste. Le scrutin est secret.

Au jour fixé pour le vote, chaque délégué électeur remet au mai·e de sa résidence son bulletin de vote dans une enveloppe qu'il aura cachetée, laquelle sera, par les soins du maire, renfermée dans une deuxième enveloppe portant les mentions suivantes :

Comité départemental de (nom du département).

Nom, prénoms et adresse (délégué électeur). Cette deuxième enveloppe est paraphée par le maire·et l'électeur et envoyée pa· ce dernier au préfet, président du Comité départemental.

Dans les huit jours qui suivent le vote, le scrutin est dépouille par la Commission visée ci-dessus qui contrôle si le nom du délégué inscrit sur chaque enveloppe figure bien sur la liste des délégués électeurs. Chaque vote est complété par le paraphe de l'un des membres de la Commission, apposé en marge sur la liste des électeurs. Cette liste doit rester sur la table autour de laquelle siège la Commission.

Les premières enveloppes sont ensuite décachetées puis, cette opé·ation terminée, les enveloppes contenant les bulletins de vote sont remises à chacun des membres de la Commission qui effectuent le dépouillement.

Nul n'est élu au premier tour s'il ne réunit la majorité absolue des suffrages exprimés et un nombre de voix égal au quart des électeurs inscrits.

La majorité relative suffit au deuxième tour et en cas d'égalité de suffrages, le plus âgé est élu.

S'il y a lieu de procéder à de nouvelles élections, la date en est fixée par arrêté préfectoral, dans le délai d'un mois.

En vue d'éviter toute contestation qui pourrait entraîner l'annulation des élections, il convient que chaque délégué électeur se conforme aux prescriptions déterminées ci-dessus et arrêtées par la circulaire du 22 février 1923.

RÉAJUSTEMENT DU TAUX DES PENSIONS

MANIFESTATION DU 11 NOVEMBRE 1924 A LILLE

Dans sa réunion du 8 novembre 1924, le Conseil d'administration de la Fédération des Mutilés du Nord a décidé que du 9 au 16 novembre, toutes les associations du département se réuniraient et délibéreraient sur la question du réajustement des pensions, de manière que des mesures d'ensemble puissent être prises à l'occasion de l'assemblée du 23 novembre à Lille, elle a engagé aussi les Associations à propager dans leurs milieux les directives de la Fédération.

Comme suite à ces délibérations, une délégation composée de MM. BALAVOINE, président de la Fédération ; DESORBAIX, vice-président de Valenciennes ; GIBON et DERYCKE, de Roubaix, administrateurs, accompagnés de M. Maurice OLIVIER, président de la Fédération des Anciens Combattants du Nord qui s'est associé à cette manifestation, a remis officiellement à M. le Préfet du Nord, le 11 novembre, à la Préfecture, à 11 h. 45, l'ordre du jour suivant du Conseil d'administration :

« La Fédération des Mutilés du Nord proclame énergiquement l'intangibilité des principes de la loi du 31 mars 1919 ;

« Rappelle que les bénéficiaires de cette loi sont les premiers créanciers de la Nation ;

« Déclare repousser tout projet créant des catégories parmi les victimes de la guerre ;

« Invite le Gouvernement, devant les difficultés de l'heure présente, à prendre les mesures nécessaires pour tenir envers les Mutilés et les Victimes de la guerre, les engagements dictés par la reconnaissance que la Nation a affirmée dans l'article premier de la loi du 31 mars 1919 ».

Les doléances que les Mutilés du Nord ont exprimées au sujet du renouvellement du taux des pensions au Congrès de Dunkerque, en juin dernier, et que leur Fédération a rappelées ont été transmises au Ministre des Pensions.

Le Groupement des Mutilés du Douaisis a adressé ensuite la note suivante :

A la suite de la communication officielle faite jeudi soir par le Ministre des Finances et relative à l'augmentation envisagée des pensions des Mutilés de la guerre, le Conseil d'administration des Mutilés du Douaisis s'est réuni et à l'unanimité a pris la résolution suivante :

« Le Conseil d'administration des Mutilés du Douaisis prend acte des propositions du Ministre des Finances relatives au relèvement du taux des pensions des victimes de la guerre.

« A l'unanimité délègue et mandate les camarades SCREVE, DELLOQUE, PENEZ et MAINCENT, pour assister au Meeting qui aura lieu le lundi 3 novembre à Paris, salle Wagram, à 20 h. 30.

« Le compte-rendu du mandat de nos délégués sera donné à tous les Mutilés du Douaisis, le dimanche 9 novembre, à 10 heures, salle Séde, 40, rue de Bellain, au siège de l'Association des Mutilés.

« Après le méticuleux examen et l'échange de vues que comporte la gravité de la situation devant laquelle nous nous trouvons, les directives se ont données aux militants pour leur action dans tous les centres du département du Nord.

« Tous les Mutilés ont le devoir de suivre de très près l'action qui va être menée par leurs militants, au cours des semaines qui vont suivre.

« Ils doivent se tenir prêts à répondre à l'appel qui pourrait leur être adressé, pour soutenir par tous les moyens en leur pouvoir, les décisions que devra prendre leur Groupement.

« A tous les Mutilés, le Groupement du Douaisis donne ce mot d'ordre :

« Plus que jamais pour la défense de nos droits imprescriptibles, debout s'il le faut et serrons les coudes ».

Signé : Maurice SCREVE.

Les Associations, de leur côté, se sont réunies et ont délibéré sur le vœu présenté par le Conseil d'administration, reproduit ci-dessus. Toutes l'ont adopté. Un certain nombre d'entre elles ont également organisé des meetings et ont émis de nouveaux vœux.

UNION DES MUTILES DU DOUAISIS
Assemblée extraordinaire du 16 novembre 1924

M. BRIATTE, délégué du Groupement des A.P.G., est venu se joindre aux délégués des 110 communes rattachées à l'Union : 300 Mutilés ont répondu à l'appel de leurs militants.

M. DELLOQUE expose avec précision le problème du réajustement du taux des pensions avec le coût de la vie actuel. Il s'élève contre le projet du Ministre des Finances qui porte atteinte aux principes même de la loi du 31 mars 1919.

M. PENEZ donne un compte rendu exact de meeting qui eut lieu à Paris, à la Salle Wagram. Il rappelle l'essentiel des discours prononcés.

M. SCRÈVE constate que tous les mutilés présents ont pu se rendre compte de la situation qui leur est faite et démontre par des arguments irréfutables, l'insuffisance du coefficient 1,45 qui a la prétention d'être l'indice de l'élévation du coût de la vie de 1919 à 1924.

A la suite de cette réunion, un ordre du jour semblable à celui de la Fédération des Mutilés du Nord fut voté à l'unanimité par acclamations.

En outre, il est décidé d'adresser à M. le Président du Conseil et à M. le Ministre des Pensions, le télégramme suivant :

« Mutilés Douaisis, réunis Assemblée générale ordinaire, proclament énergiquement intangibilité principes loi du 31 mars 1919, réclament relèvement des pensions, repoussent projet créant deux catégorisations, déclarent inacceptable coefficient 1,45. SCRÈVE, président, membre Office National. »

ASSOCIATION DES MUTILES ET REFORMES DE L'ARRONDISSEMENT DE DUNKERQUE

Les Associations : Veuves, Orphelins et Ascendants de Guerre de l'arrondissement de Dunkerque ; Mutilés et Réformés de l'arrondissement de Dunkerque ; Anciens Prisonniers de Guerre « Union des Flandres » ; Union Nationale des Combattants, Section de Dunkerque, réunies à Dunkerque, en Assemblée extraordinaire, le dimanche 16 novembre 1924, rappelant leurs revendications qui restent entières.

Pour les anciens Combattants

Le principe au droit à la retraite, principe dont l'application reste subordonné aux possibilités du Trésor.

Que ceux qui ont été blessés ou ayant contracté en service une affection quelconque soient toujours autorisés à faire valoir leurs droits à réparation sans fixation de délai.

Le bénéfice de l'article 64 de la loi du 31 mars 1919, accordant la gratuité des soins médicaux et pharmaceutiques pour tout ancien combattant blessé de guerre, dont la blessure entraîne une infirmité inférieure à 10 %.

Que les années passées au front soient comptées double pour l'avancement et pour la retraite des fonctionnaires.

Qu'il soit fait aux anciens Combattants, un abattement de 1.000 francs par année passée au front à la base du calcul de l'impôt cédulaire des salaires.

Pour les anciens Prisonniers de Guerre

Que le point de départ de la pension des prisonniers blessés soit fixé au jour de la sortie des formations sanitaires allemandes et non au jour où ils sont rentrés en France.

Que la loi sur l'indemnité de nourriture à accorder aux anciens Prisonniers de Guerre soit votée dans le plus bref délai.

Pour les Veuves, Orphelins et Ascendants de guerre

La mise en harmonie des pensions ou allocations avec le coût actuel de la vie.

La titularisation des veuves de guerre employées auxiliaires de l'Etat.

Pour les Mutilés et Réformés

La mise en harmonie des pensions avec le coût actuel de la vie.

La réorganisation des Commissions de Réforme d'après le mode actuel des Commissions attribuant les dommages de guerre.

L'application intégrale des lois sur les emplois réservés et sur l'emploi obligatoire des Mutilés et Réformés.

Le remboursement des frais chirurgicaux pour la période comprise entre le 31 mars 1919 et le 25 octobre 1922.

La reconnaissance du droit, pour les Associations de victimes de guerre de jouir d'un statut légal leur accordant, au point de vue de la faculté d'acquérir et de posséder une capacité au moins égale à la capacité actuelle des groupements corporatifs.

Adoptent l'ordre du jour suivant :

Les Associations : Veuves, Orphelins et Ascendants de guerre de l'arrondissement de Dunkerque : Mutilés et Réformés de l'arrondissement de Dunkerque ; Anciens Prisonniers de Guerre « Union des Flandres », Union Nationale des Combattants, Section de Dunkerque, rappelant la proclamation du droit à la réparation reconnu par l'article premier de la loi du 31 mars 1919 pour toutes les victimes de la guerre quelle que soit leur situation sociale.

Déclarent être décidées à s'opposer énergiquement au projet du Gouvernement tendant à créer des catégories entre les victimes de la guerre.

Tout en reconnaissant les difficultés financières actuelles de la France, mais considérant que depuis le 31 mars 1919, le coût de la vie n'a cessé d'augmenter, réclament le réajustement des pensions avec le coût actuel de la vie et invitent le gouvernement à prendre pour base dans le calcul du relèvement des pensions, l'indice se rapprochant le plus possible de la réalité.

Rejettent, comme tout à fait insuffisant, le coefficient dégressif 1,45 tel qu'il a été proposé par la Commission des finances.

UNION DES MUTILES ET REFORMES DU CAMBRESIS

L'Union des Mutilés et Réformés du Cambrésis s'est réunie en Assemblée extraordinaire à la Mairie de Cambrai, le samedi 15 novembre, à 8 heures du soir, sous la présidence de M. MALLEZ Henry, président.

Le président ouvre la séance et met l'Assemblée au courant du motif pour lequel les sociétaires ont été un peu précipitamment appelés à se réunir.

En effet, ditil, la question du réajustement des pensions au coût de la vie, intéresse tous les pensionnés de la guerre, vous l'avez du reste tous compris et c'est pourquoi vous avez tenu à répondre à notre appel en grand nombre. Je vous en remercie et vous en félicite.

Après divers échanges de vue, l'ordre du jour suivant est adopté à l'unanimité :

« L'Union des Mutilés et Réformés du Cambrésis qui s'était abstenue jusqu'à ce jour malgré le renchérissement progressif de la vie de demander une modification au taux des pensions pour ne pas contribuer indirectement à l'inflation et à l'augmentation du prix de la vie, plaçant ainsi en temps de paix comme en temps de guerre l'intérêt général avant l'intérêt particulier.

« Devant l'augmentation incessante des prix, augmentation que les diverses mesures législatives en projet risquent d'aggraver encore.

« Considérant que les mutilés sont les premiers créanciers de la Nation et qu'on aurait dû penser à augmenter leurs pensions avant d'augmenter qui que ce soit et sans qu'ils aient eu besoin d'élever la voix.

« Résolue à ne laisser toucher ni au principe, ni à l'esprit de la loi du 31 mars 1919 qui doit demeurer la Charte des Mutilés.

« Fais sien, l'ordre du jour de la Fédération des Associations du Nord des Mutilés et Réformés.

« Demande, en outre, comme conclusion pratique que les pensions soient respectées au coût moyen de la vie en prenant comme base le taux des pensions en 1919 et comme coefficient l'indice annuel du coût de la vie.

« Proteste contre la manœuvre tendant à diviser les mutilés en catégorie. »

UNION DES MUTILES ET REFORMES DE VALENCIENNES

Dimanche 16 novembre, à 8 h. 30, a eu lieu aux Académies, l'Assemblée générale extraordinaire de l'Union des Mutilés ayant pour objet le réajustement des pensions.

Bien qu'il n'ait pas été envoyé de convocations individuelles, les adhérents de l'Union étaient venus si nombreux, non seulement de Valenciennes même, mais de toutes les communes où existe une Section de l'Union, qu'ils remplissaient la grande salle où se tenait l'assemblée.

M. DESORBAIX, entouré de tous les membres du Conseil d'administration de l'Union, assisté en outre de M. LEBACQZ, président des Démobilisés, ouvre la séance. Il commence par rappeler que l'Union, fidèle à ses statuts, ne fait jamais de politique. Et plus que jamais, dans cette question si grave pour tous les pensionnés de guerre, du réajustement des pensions, où tous les partis politiques doivent être unanimes à appuyer les justes revendications de ceux qui ont sauvé la France de 1914 à 1918, l'Union ne se prête, ni ne saurait se prêter à aucune manœuvre politique, être l'instrument d'aucun parti. Elle agit uniquement dans le cadre de son programme d'action de défense des droits des mutilés, en liaison étroite avec la Fédération du Nord des Associations de Mutilés, elle-même d'accord avec les grandes Associations nationales. Un des plus notables dirigeants de celle-ci, M. CASSIN, président honoraire de l'Union Fédérale et délégué de la France à la S.D.N., proclamait d'ailleurs tout récemment le caractère nettement corporatif du mouvement de protestation qui dresse actuellement, unis comme les combattants le furent au front, tous les pensionnés de la loi de 1919, mutilés, veuves, orphelins, ascendants, sans distinction d'opinion, ni de situation civile.

Abordant le fond du débat, M. DESORBAIX fait l'historique de la question.

Le législateur avait à choisir pour indemniser les mutilés et les familles des morts entre deux principes : le principe de l'assistance à des civils indigents, le principe de la réparation des dommages physiques subis par des militaires au cours et à l'occasion de leurs services militaires, ce second principe excluant naturellement tout élément d'indemnisation tiré d'une situation civile postérieure aux services militaires, seuls à considérer.

Ce fut le principe du droit à réparation, avec toutes ses conséquences logiques, qui l'emporta. Quant au taux des pensions, il fut calculé en tenant compte de la cherté de la vie et de la valeur de la monnaie se traduisant par son pouvoir d'achat pendant l'élaboration de la loi, c'est-à-dire en 1918-1919.

Depuis lors la cherté de la vie a augmenté, la valeur réelle du franc-papier et par suite son pouvoir d'achat ont diminué. Ce n'est plus qu'en apparence que le pensionné touche ce qui lui avait été promis en 1919. Ce que demandent donc aujourd'hui les mutilés, ce n'est pas une augmentation de pension mais l'acquittement réel de l'indemnité de réparation qui leur avait été promise en 1919, autrement dit purement et simplement le maintien des droits acquis. Et ils le demandent dans le cadre de la loi de 1919, c'est-à-dire compte tenu seulement des services militaires. M. DESORBAIX expose l'action personnellement menée par l'Union des Mutilés. Il donne notamment lecture du rapport que le Conseil d'administration de l'Union adressa à la Fédération sur cette question dès janvier 1924, rapport discuté par la Fédération en mars 1924, puis en juin au Congrès de Dunkerque, rapport qui fut l'issue du Congrès de Dunkerque. Puis, M. DESORBAIX donne lecture du second rapport qu'il adressa au nom de l'Union à la Fédération dès la publication par les journaux d'un projet gouvernemental qui lésait gravement les droits acquis des pensionnés de la guerre en créant entre eux des catégories non seulement que la loi de 1919 n'avait pas prévues mais qui étaient contraires à l'esprit de cette loi. Il termine en rendant compte des plus récentes décisions à ce sujet de la Fédération ainsi que de la démarche qu'il fit auprès du Préfet du Nord, le 11 novembre dernier, avec M. BALA-VOINE, président du Conseil, pour remettre au Préfet la protestation de la Fédération.

M. LEBACQZ se lève ensuite pour dire aux mutilés que tous les démobilisés qu'il représente sont avec leurs camarades pour la défense des droits acquis.

L'Assemblée qui, à maintes reprises, a approuvé par de vigoureux applaudissements l'exposé à elle faire, vote ensuite à l'unanimité l'ordre du jour suivant :

ORDRE DU JOUR :

Les adhérents de l'Union des Mutilés et Réformés de Valenciennes et Environs, réunis en Assemblée générale extraordinaire le dimanche 16 novembre 1924.

Approuvant à l'unanimité l'action menée par la Fédération du Nord des Associations de Mutilés, Veuves et Orphelins de Guerre, pour aboutir au réajustement devenu nécessaire du taux des pensions de guerre.

Proclament avec la Fédération l'intangibilité des principes sur lesquels est basée la loi du 31 mars 1919, loi de réparation des dommages physiques subis par des citoyens soldats au cours et à l'occasion de leurs services militaires.

Déclarent en conséquence repousser énergiquement tout projet qui tendrait à substituer au principe de la réparation le principe de l'assistance.

Déclarent repousser non moins énergiquement tout projet de réajustement qui créerait entre les pensionnés de guerre des catégories tirant leur origine de la situation civile actuelle des mutilés et pensionnés de guerre.

Invitent le Gouvernement devant les difficultés de l'heure présente à prendre les mesures nécessaires pour tenir vis-à-vis des mutilés et pensionnés de guerre les engagements dictés à la Nation par la reconnaissance envers ceux qui ont assuré le salut de la Patrie, engagements solennellement affirmés dans l'article 1er de la loi du 31 mars 1919.

Donnent mandat au Conseil d'administration de l'Union des Mutilés de porter le présent ordre du jour à la connaissance d'une part de M. le Président du Conseil et de M. le Ministre des Pensions, et d'autre part, de MM. les Parlementaires résidant dans l'arrondissement de Valenciennes.

UNION DES MUTILES ET REFORMES DES CANTONS DE ROUBAIX ET DE LANNOY

ORDRE DU JOUR :

Les membres de l'Union des Mutilés et Réformés de Roubaix-Lannoy et leurs Cantons, réunis en Assemblée générale extraordinaire le mercredi 19 novembre, à 7 heures, salle des Adjudications, à l'Hôtel de Ville.

Après examen de la question de la remise en harmonie du taux des pensions avec le coût de la vie,

Déclarent inadmissible le projet du Gouvernement ;

S'opposent à toutes catégorisations entre les victimes de la guerre qui toutes ont droit à la même réparation ;

Repoussent comme insuffisant le coefficient 1,50 ;

Font leur, le coefficient 2,25 réclamé par le Comité d'entente des grandes associations ;

Approuvent les dispositions prises par leur Conseil d'administration, notamment la protestation votée par ce dernier dans sa séance du 5 courant et envoyée au Ministre des Pensions.

Donnent mandat à leur Conseil d'administration de prendre toutes dispositions utiles pour que l'augmentation du taux des pensions soit faite sur des bases justes et équitables.

Se déclarent prêts à appuyer ses démarches et s'engagent à manifester tous à Lille le dimanche 23 courant leur mécontentement contre la façon de traiter ceux que l'on a reconnu être les premiers créanciers de la Nation.

TELEGRAMME

Union Mutilés Roubaix réunie Assemblée extraordinaire mercredi 19 novembre proteste contre projet Gouvernement réajustement des pensions. Réclame coefficient 2,25 appliqué à tous sans distinction. Charge président transmettre mécontentement à Ministre des Pensions.

GIBON, Président.

UNION DES MUTILES, REFORMES, VEUVES ET ORPHELINS DE GUERRE DE LILLE ET ENVIRONS

Le Conseil d'administration de l'Union des Mutilés, Réformés. Veuves et Orphelins de la guerre de Lille et environs, réuni le dimanche 16 novembre 1924, a pris la résolution suivante qu'il transmet à la Fédération du Nord de la France des Associations de Mutilés.

Il s'oppose à ce qu'il soit porté atteinte aux principes de la loi du 31 mars 1919.

Relativement au réajustement du taux des pensions qui est reconnu à l'heure actuelle, il repousse le projet créant des catégories entre les victimes de la guerre, demande que les mêmes règles s'appliquent à tous sans exception.

Déclare inacceptable le coefficient de 1,45 surtout dans le département du Nord où le coût de la vie est plus élevé que partout ailleurs.

Se déclare prêt à convoquer tous ses adhérents à la manifestation pacifique projetée pour le dimanche 23 novembre par la Fédération du Nord de la France des Associations de Mutilés, si, d'ici là, satisfaction n'est pas donnée aux légitimes réclamations des victimes de la guerre.

Le manifeste suivant a été adressé ensuite à tous les membres de l'Union, comme suite à cette délibération.

Le Conseil d'administration de l'Union, comme suite à la délibération qu'il a prise le dimanche 16 novembre 1924, relativement à l'ordre du jour soumis à son approbation par le Conseil d'administration de la Fédération, invite tous ses adhérents, Mutilés, Réformés, Veuves, Orphelins et Ascendants à participer à la Manifestation qui aura lieu le dimanche 23 novembre 1924, à 11 heures du matin.

Le rassemblement aura lieu à 10 h. 30, à la Gare de Lille. Le cortège se rendra à la Préfecture, dans le calme et la dignité, et nos dirigeants remettront un manifeste à M. le Préfet du Nord en le priant de le faire parvenir au Gouvernement.

Il est recommandé le plus grand calme : pas de cris, pas de chants. Soyons dignes dans nos revendications.

Le manifeste de la Fédération sera publié dans la presse régionale. Nos adhérents pourront le lire dans tous les journaux sans distinction. Les Associations de tout le département seront convoquées à Lille. Un grand nombre d'entre elles ont déjà annoncé, soit par lettre, soit par téléphone, qu'elles enverront des délégations. Il faut que l'Union des Mutilés, Réformés, Veuves et Orphelins de Lille et environs soit représentée par tous ses adhérents.

Tous au rendez-vous dimanche prochain. Serrons les coudes et soyons unis plus que jamais.

Les Associations désignées ci-après ont également envoyé une délibération de leur Conseil d'administration, adoptent l'ordre du jour de la Fédération :

Maubeuge, Hautmont, Jeumont, Avancourt, Solesmes, La Gorgue, Merville, Cassel, St-Amand, Denain, Fresnes, Escautpont.

EN UN CORTEGE IMPOSANT ET CALME
LES MUTILES DU NORD ONT PRESENTE LEURS REVENDICATIONS AU PREFET, LE DIMANCHE 23 NOVEMBRE, A LILLE

En un cortège imposant, émouvant, très calme, quatre mille Mutilés, venus de tous les points du département, sont allés dimanche présenter au Préfet du Nord une supplique pour le réajustement de leurs pensions qui ne sont plus, pour certains, qu'un secours dérisoire.

Dix ans se sont écoulés depuis le jour où, vers quatre heures de l'après-midi, le tocsin annonça la mobilisation générale.

N'oublie-t-on pas parfois que l'on sort de la guerre ?

Dans notre rue Faidherbe, où des édifices solides ont maintenant supplanté les murs en ruines, le cortège, formé devant la gare, s'acheminait lentement, sans bruit, derrière les drapeaux des Associations.

Fallait-il donc les voir ainsi défiler en longue colonne pour sentir combien ils sont pitoyables, ces témoins des chocs sanglants, ceux-là qui, revenus meurtris, mutilés, défigurés des campagnes ravagées sur lesquelles aujourd'hui, seuls vestiges de la rafale infernale demeurent éparses les petites croix de bois ?

Quel spectacle poignant que tous ces béquillards, ces manchots, ces infirmes, ces gazés.

Des faces labourées gardent un rictus étrange. Et ces visages blêmes, paisibles, les paupières closes, abritent des yeux morts, dont la rétine porte, à jamais stigmatisée, la lueur fulgurante du feu qui les brûla. Derrière d'autres lunettes noires, d'autres yeux morts encore. Et ces hommes jeunes pour la plupart, passent à petits pas, au bras de leur femme, de leur fille.

Pauvres, pauvres gens !

Ils demandent aujourd'hui que leur existence soit assurée, eux qui ont frôlé la mort.

Leurs pensions, en regard de la cherté croissante de la vie, sont infimes.

Leurs droits ne sont-ils pas sacrés ? Pourrait-on douter de la reconnaissance du pays malgré la crise financière que la France traverse actuellement ?

(Extrait de l'Echo du Nord).

*
* *

La Fédération du Nord de la France des Associations de Mutilés, Réformés, Veuves, Orphelins et Ascendants de la guerre organisait à Lille, hier, une manifestation au sujet du réajustement du taux des pensions de guerre avec le coût de la vie.

Plus de cinq mille Mutilés avaient répondu à l'appel de leurs groupements.

A 11 h. 30, au cortège important qui s'était rassemblé sur la place de la Gare, se mit en marche dans l'ordre suivant :

D'abord les drapeaux des groupements, derrière lesquels venaient les mutilés des membres inférieurs, dans leurs voiturettes, les aveugles, les veuves et les orphelins ; le Conseil d'administration de la Fédération composé de MM. BALAVOINE, président ; PARMENTIER de PAWLOWSE, VANROFY, SCREVE, DEGOUY, CANNIE, VINCENT, DESORPAIX, GIBON, etc...

Puis venaient les Associations d'Avesnes, de Landrecies, l'Amicale des Cantons de Maubeuge, Berlaimont et Solre-le-Château ; la Section d'Hautmont et de Jeumont ; l'Union du Cambrésis (12 sections) ; le groupe Aide et Protection ; les Mutilés du Douaisis (158 délégués) ; U.N.R. d'Aniche ; les Associations de l'arrondissement de Dunkerque, d'Hazebrouck, des cantons de Cassel et de Steenwoorde ; les Amicales de Merville, La Gorgue, d'Estaires, Vieux-Berquin ; l'Union de Valenciennes (13 sous-sections) ; la Section de Fresnes, l'Union d'Escautpont, l'Union de Vieux-Condé, la Ligue des Poilus, Section de Denain, Section U. N. C. d'Ascq, Union de Gondecourt, Association générale d'Armentières, Groupe de Tourcoing (7 Sections) ; Union de Roubaix-Lannoy (7 Sections) ; Union de Croix, Union de Wasquehal, Association d'Aide aux Veuves de Lille (7 sous-comités) ; Association générale de Lille (Groupe départemental) ; U.N.M.R. Section de Lille et Union des Mutilés, Réformés, Veuves, Orphelins et Ascendantus de Lille et environs (7 Sections).

Chaque groupe était précédé d'une pancarte indiquant l'arrondissement.

Lentement et dans un silence impressionnant, l'imposant cortège gagne la Préfecture par les rues Faidherbe, des Manneliers, Nationale et le boulevard de la Liberté.

Toutes les grilles de la Préfecture étaient grandes ouvertes pour recevoir ces deshérités de la guerre. On assiste alors à des scènes vraiment émouvantes. Les mutilés les plus valides aidaient et même portaient sur leur dos leurs camarades ne pouvant marcher pour monter le perron du bâtiment.

C'est dans la grande salle des fêtes que tous les Mutilés furent reçus par M. HUDELO, préfet du Nord, qui était accompagné de MM. CAMEAU, secrétaire général, et CHAVIN, chef du Cabinet du Préfet.

Au milieu d'un silence respectueux, M. BALAVOINE donna lecture des revendications :

« La Fédération du Nord des Mutilés, Réformés, Veuves et Orphelins de la Guerre, tient d'abord à déclarer hautement que son action actuelle en faveur du réajustement du taux des pensions se poursuit en dehors de toute considération politique. Son but n'est ni d'attaquer, ni de défendre le Gouvernement, quel qu'il soit.

« Vous avez devant vous, M. le Préfet, des délégations d'Associations d'une Fédération qui compte 45.217 membres et qui, toutes ont décidé d'unir leurs efforts pour convaincre le Gouvernement de l'insuffisance de leurs pensions eu égard au coût de la vie. Ce n'est pas qu'elles perdent de vue les diverses revendications qu'elles ont formulées à leur dernier Congrès de Dunkerque, et qui peut, dans ses grandes lignes, se résumer ainsi :

« Application intégrale de la loi du 31 mars 1919 sur les pensions ;

« Plus de justice dans les expertises des Centres spéciaux de Réforme ;

« Plus de rapidité dans l'attribution des pensions, dans leur règlement administratif ou judiciaire ;

« Application intégrale de la loi sur les emplois réservés ;

« Remboursement des frais chirurgicaux antérieurs au décret d'octobre 1922 ;

« Reconnaissance du droit des gazés et paludéens ;

« Titularisation des mutilés, veuves de guerre, employés auxiliaires de l'Etat ;

«Reconnaissance de l'œuvre accomplie par les Associations et nécessité d'un statut légal pour les Associations de Victimes de la Guerre.

« Mais, aujourd'hui, un problème plus angoissant se pose la pension n'est plus qu'un secours provisoire. Elle est de 400 fr. par an pour un ascendant, soit 1 fr. 10 par jour ; 800 fr. pour une veuve, soit 2 fr. 20 par jour ; 1.920 fr. par an, amputé de jambe, soit 5 fr. 25 par jour.

« Les Associations n'ignorent pas les difficultés financières du pays, et c'est pour cela qu'elles invitent le Gouvernement à prendre toutes les mesures nécessaires pour tenir vis-à-vis des mutilés et pensionnés de la guerre les engagements dictés à la Nation par la reconnaissance due à ceux qui ont assuré le salut de la patrie.

« Aussi, ont-elles voulu manifester, dans le calme et la dignité qui conviennent à la noblesse de leur cause, leur volonté d'obtenir l'exécution de ces engagements.

« .Elles s'opposent à ce qu'il soit porté atteinte aux principes de la loi du 31 mars 1919, dont l'article premier a proclamé le droit aux mêmes réparations pour toutes les victimes de la guerre, et ne pourraient accepter que fussent aujourd'hui établies des catégories entre elles.

« Nous déclarons inacceptable le taux de relèvement de 1,45, surtout dans le département du Nord, où le coût de la vie est plus élevé que partout ailleurs ,et nous demandons spécialement pour ce département le « réajustement » du taux suivant le coefficient fixé par la Commission paritaire du coût de la vie.

« Telles sont, M. le Préfet, les réclamations réfléchies qu'adressent au Gouvernement les mutilés du Nord. Ils vous seront reconnaissants de les lui remettre. Ils sont sûrs qu'il les recevra avec la même sympathie que la population du Nord et vous-même, M. le Préfet, leur avez déjà réservée ; vous nous ouvrez aujourd'hui toutes grandes les portes de la Préfecture ; soyez assuré que nous sommes tous sensibles à cette marque de sollicitude que vous nous donnez. »

Ce cahier de revendications fut ensuite remis entre les mains de M. le Préfet.

Très affable, M. HUDELO déclara : « Je salue d'abord les drapeaux de vos Associations, qui sont les emblèmes de vos propres sentiments du souvenir des souffrances que vous avez supportées.

« Sans pouvoir préjuger ce que le Gouvernement et le Parlement feront, il était du devoir du représentant de la République de vous recevoir dans cet hôtel.

« Je reçois votre cahier des revendications que je présenterai au Gouvernement. Il importe que chaque question soit attentivement étudiée. »

En terminant, ... HUDELO déclara qu'il prenait l'engagement d'être le défenseur des revendications de ceux qui se sont sacrifiés pour la défense de la Justice et de la Liberté.

Cette péroraison fut saluée par des applaudissements unanimes.

M. BALAVOINE exprima l'expression de toute sa gratitude pour les paroles réconfortantes prononcées par le Préfet. Puissent-elles apporter un peu de force et de confiance dans les cœurs meurtris des victimes de la guerre.

(Extrait du *Réveil du Nord*).

SEMAINE DU COMBATTANT

CONGRES GENERAL DES ASSOCIATIONS FRANÇAISES D'ANCIENS COMBATTANTS DE LA GRANDE GUERRE, DE LEURS VEUVES, ORPHELINS ET ASCENDANTS

Le Bureau de la Semaine du Combattant invite les Associations d'anciens Combattants à organiser des manifestations le 11 novembre pour la remise d'un ordre du jour aux autorités en faveur de la mise en rapport des pensions avec le coût de la vie.

ORDRE DU JOUR

voté le 1er novembre 1924, à Paris, par la Semaine du Combattant et qui devra être lu par le président du cortège au moment de la manifestation puis remis soit au maire, dans les petits centres, soit au sous-préfet ou au préfet, lesquels seront priés de les transmettre d'urgence au président du Conseil des Ministres. (L'ordre du jour sera complété par le nom de la Fédération ou de la Section).

La Semaine du Combattant, affirmant d'abord la priorité des droits des A.C. et de leurs ayants-droit sur ceux de toutes les autres victimes de la guerre.

En considérant :

1° Que dans le projet gouvernemental ayant trait au relèvement des pensions de guerre, certaines restrictions sont des plus injustes en ce qui concerne les fonctionnaires pensionnés, les bénéficiaires d'un emploi réservé et les assujettis à l'impôt sur le revenu ;

2° Que le pays se doit de fournir un effort financier susceptible d'accorder une réparation matérielle équitable à ceux qui ont sauvegardé le patrimoine national et individuel d'une confiscation totale.

Déclare que le projet déposé ne lui donne pas satisfaction.

Demande qu'il soit accordé, à droits égaux, une pension égale, proportionnellement au pourcentage d'invalidité.

(Prière d'envoyer un compte-rendu de la manifestation au secrétaire général de la Semaine, 78, rue Maréchal-Foch, à Tarbes).

Tarbes, le 4 novembre 1924.

Le Secrétaire Général,

L. ESQUERRE.

ASSEMBLEE DU 1er NOVEMBRE 1924

Le Bureau de la Semaine du Combattant s'est réuni le 1er novembre 1924, à 9 heures et à 14 heures 30, à la Salle des Agriculteurs de France, 84, rue de Grenelle, à Paris.

Etaient présents : MM. ARIOUX (Le Havre) ; de BARRAL (Paris) ; BOUTEYRE (Paris) ; BURIN (Quimper) ; DELSUX (Paris) ; FONTENY (Paris) ; HUET (Le Havre) ; JOURDAN (Paris) ; MANENT (Tarbes) ; MERCIER (Beauvais) ; MOREL (Rouen) ; OLIVIER (Lille) ; PAINVIN (Paris) ; PERRAUT et PLANCHE (Moulins) ; PITEVEAU (Vendée) ; RAMART (Paris) ; ROUX (Chartres) ; SAGNANDON (Saint-Etienne) ; BOURRILLON (Mende), trésorier général ; ESQUERRE (Tarbes), secrétaire général.

Excusés : MM. CASSEL, LEPOIVRE, GOUDAERT, DUFOUR, BALAVOINE, SCHAEPELYNCK, TROUBAT, GIRERD, BEYNET.

PRESIDENT. — M. MOREL, de Rouen, est désigné pour présider les débauts de la journée. Il indique que la Commission permanente, dans une réunion tenue la veille, a fixé l'ordre du jour ; il en donne lecture.

REMPLAÇANTS. — Les remplaçants, que certains camarades ont désignés, sont admis à siéger ; il est décidé qu'à l'avenir il n'en sera plus ainsi, les mandats au bureau étant personnels.

Compte-Rendu financier. — M. BOURRILLON, trésorier général, donne le compte des recettes et des dépenses du Congrès du Havre. Une Commission d'apurement, composée de MM. FONTENOY, de BARRAL et HUET, vérifie immédiatement la comptabilité du trésorier ; elle propose l'adoption des états de trésorerie de M. BOURRILLON, et avec le reliquat, le paiement de 50 % des frais de séjour aux membres du Comité Directeur.

Congrès de 1925. — M. ESQUERRE lit la lettre qui lui a été adressée par le Comité d'Action des Victimes de la Guerre de Toulouse et dont voici les grandes lignes : « Les quatre grandes Associations départementales, l'Union Nationale des Combattants, les Anciens Prisonniers de Guerre, l'Amicale des Poilus du Front, l'Association des Cheminots Anciens Combattants, s'engagent à organiser le Congrès sous les directives du Bureau de la Semaine. Les subventions qu'elles obtiendront sont évaluées à 10.000 francs minimum. L'Hôtel d'Assézat, qui possède de nombreuses salles de réunion, sera mis gracieusement à la disposition des congressistes. Les hôtels de Toulouse ont des chambres à partir de 6 fr. ; les restaurants servent des repas à partir de 5 francs. »

Nulle autre proposition n'étant faite, la ville de Toulouse est choisie à l'unanimité pour le siège du prochain Congrès de la Semaine du Combattant.

Un débat s'engage sur la date. MM. FONTENOY et PLANCHE proposent le samedi veille de Pâques, le jour de Pâques et le lendemain ; MM. BURIN et de BARRAL voudraient le dimanche de Pâques, le lundi et le mardi ; MM. OLIVIER et BOURRILLON demandent que l'on choisisse le vendredi, le samedi et le dimanche de Quasimodo.

La date de Pâques est votée à l'unanimité moins deux voix. A l'unanimité moins une voix, l'Assemblée adopte la proposition FONTENY-PLANCHE.

Le Congrès de 1925 aura donc lieu à Toulouse, le samedi veille de Pâques, le jour de Pâques et le lendemain.

Jury d'honneur. — Le principe du jury d'honneur a été adopté à la séance du 17 février dernier. Il reste à en établir les modalités de fonctionnement. Une proposition de M. FONTENY, pour renvoi à la Commission permanente, est votée après la prise en considération du rapport FELS présenté par M. de BARRAL.

Projets du Gouvernement. — Le Gouvernement a fait connaître ses propositions pour le relèvement des pensions. Un long débat s'engage sur trois motions présentées par les camarades PLANCHE, ROUX et FONTENY. Faut-il faire une manifestation le 11 novembre ? Faut-il accepter les 600 millions offerts par le Gouvernement comme première réparation en se réservant le droit de demander davantage dès que les finances de l'Etat seront assainies ? Faut-il demander que les gens qui n'ont pas fait la guerre n'aient pas d'augmentation ? Faut-il établir des catégories pour limiter le nombre des mobilisés qui ont des droits égaux. Faut-il laisser à l'Etat seul le soin de rechercher les pensions qui doivent être supprimées ou faut-il lui signaler les pensions abusives ? Les fonctionnaires, les assujettis à l'impôt sur le revenu doivent-ils être compris dans le projet de relèvement des pensions ?

Toutes ces questions, abondamment développées par les camarades PLANCHE, FONTENY, ROUX, BURIN, BOUTEYRE, MERCIER, OLIVIER, HUET, PERRAUT, l'Assemblée se met d'accord sur l'ordre du jour suivant, dont l'ensemble est voté à l'unanimité moins une voix (proposition Roux, modifiée) :

La Semaine du Combattant affirmant d'abord la priorité des droits des A. C. et de leurs ayants-droit sur ceux de toutes les autres victimes de la guerre,

Et considérant :

1° Que dans le projet gouvernemental ayant trait au relèvement des pensions de guerre, certaines restrictions sont des plus injustes, en ce qui concerne les fonctionnaires pensionnés, les bééficiaires d'un emploi réservé et les assujettis à l'impôt sur le revenu ;

2° Que le pays se doit de fournir un effort financier susceptible d'accorder une réparation matérielle équitable à ceux qui ont sauvegardé le patrimoine national et individuel d'une confiscation totale ;

Déclare que le projet déposé ne lui donne pas satisfaction ;

Demande qu'il soit accordé, à droits égaux, une pension égale, proportionnellement au pourcentage d'invalidité.

La manifestation demandée par M. PLANCHE est votée à l'unanimité. Des cortèges d'A.C. seront organisés par les Sections ou les Fédérations le 11 novembre. L'ordre du jour, adopté par la Semaine sera remis au Maire au Sous-Préfet ou au Préfet, selon le cas.

Commission permanente. — La Semaine, explique M. FONTE-

NY, a sommeillé depuis le 17 février. Deux raisons à celà : 1° la période des élections législatives ; 2° le manque d'assiduité aux réunions des membres de la Commission permanente. Il faut d'abord des camarades qui, veuillent travailler, puis des crédits suffisants pour la location d'un siège social propre à la Semaine et le paiement d'un petit personnel. M. FONTENY termine en proposant qu'une subvention soit demandée à l'Office National des Mutilés.

Après une intervention de M. PERRAUT qui explique dans quelles conditions sont distribuées les subventions de l'Office National, le Bureau vote les conclusions suivantes :

1° Une subvention de 6.000 francs pour l'année 1924, de 20.000 francs pour l'année 1925 sera demandée par la Semaine à l'Office National des Mutilés ;

2° L'obligation est faite à tous les membres de la Commission permanente d'assister à toutes les réunions, sauf excuses ;

3° Les délégués suppléants FELS et DELSUC qui sont nommés ce jour seront toujours convoqués ; ils participeront aux débats et aux votes lorsqu'il y aura des absents ;

4° Les réunions de la Commission permanente se tiendront le 3e jeudi de chaque mois, à 17 heures ;

5° Le camarade PAINVIN est nommé trésorier-adjoint ; il a pouvoir de percevoir la subvention de l'Office National et de régler les dépenses de la Commission permanente.

Délégation. — Une délégation est nommée ; elle comprend tous les membres de la Commission permanente résidant à Paris. Elle se rendra le 5 novembre auprès du Président du Conseil, des Ministres BOVIER-LAPIERRE et CLEMENTEL, et du rapporteur du burget des finances VINCENT-AURIOL. Mission ? Déposer et commenter l'ordre du jour voté par la Semaine.

La délégation devra aussi rappeler aux Ministres qu'elle est d'accord avec la Fédération des Tuberculeux de guerre pour l'augmentation de leurs pensions.

Le camarade JOURDAN réunira les membres de la délégation.

Congrès, Organisation. — Le Comité exécutif sera convoqué pour le 28 décembre 1924. Le Bureau se réunira la veille. A ces deux dates seront examinées :

1° Le règlement intérieur de la Semaine que la C.F. reçoit mandat d'établir ;

2° Les rapports envoyés par les groupements sur le programme du Congrès de 1925.

Le Camarade PLANCHE fait décider de limiter les questions qui seront discutées à Toulouse ; sur sa proposition, le Bureau retient le programme suivant :

1° La paix ;

2° L'Office du Combattant ; la retraite ;

3° Les moyens d'action.

Comment travailler à Toulouse ? MM. PLANCHE et DELSUC demandent qu'un long débat soit institué en séance plénière pour toutes les questions, que le rôle des Commissions soit uniquement celui d'éclairer le débat. Cette méthode de travail ne recueille pas la majorité des suffrages ; il est décidé que le Congrès de Toulouse fonctionnera comme celui du Havre.

Décisions de la Commission permanente. — La Commission permanente liquide la fin de l'ordre du jour.

Carte du Combattant. — Des démarches pressantes seront faites par la C.P. pour faire établir la carte du Combattant sur la base de la Loi Mourier.

Office National. — M. FONTENY est chargé d'établir un rapport.

Secrétariat. — Le Camarade FONTENY est nommé secrétaire de la Commission permanente.

La séance est levée à 18 h. 30.

A Rouen, le 13 novembre 1924.
Le Président de Séance,
MOREL.

A Tarbes, le 6 novembre 1924.
Le Secrétaire Général,
L. ESQUERRE.

NOTE IMPORTANTE

Envoi des rapports. — Les rapports sur les questions mises à l'ordre du jour du Congrès de 1925 et qui doivent être discutés le 28 décembre 1924, doivent être envoyés avant le 25 décembre 1924 au Camarade ESQUERRE, secrétaire général de la Semaine, 78, rue Maréchal-Foch, Tarbes.

ASSOCIATION GÉNÉRALE " LES MUTILÉS DES YEUX "
Association d'Anciens Combattants, déclarée le 11 avril 1923 sous le n° 161.940
Siège social à Paris : 12, rue Pergolèse (16e)

Paris, le 19 novembre 1924.

Monsieur le Président et cher Camarade,

Nous sommes heureux de vous informer que nos différentes revendications viennent d'être examinées par une Commission comprenant les plus éminents oculistes de France, et que nous avons obtenu entière satisfaction.

Nous vous indiquons ci-dessous la composition de cette Commission :

Docteur De LAPERSONNE, professeur à la Faculté de Médecine de Paris.

Docteur LARGANGE, professeur à la Faculté de Médecine de Bordeaux.

Docteur ROLLET, professeur à la Faculté de Médecine de Lyon.
Docteur TERPIN, oculiste des Hôpitaux de Paris.
Docteur ROCHON-DUVIGNEAU, oculiste des Hôpitaux de Paris.
Docteur REVERCHON, professeur d'oculistique au Val-de-Grâce.
Docteur BARON, médecin inspecteur, président de la C. C. M.

Les Représentants de l'Association Générale « LES MUTILES DES YEUX » : le Docteur JAMART, président, et M. Léo JOUBERT, secrétaire général, assistés du Docteur OFFRET.

Le Docteur SIBUT, chef adjoint du cabinet du Ministre, remplaçait M. le Ministre des Pensions, retenu a un Congrès de Victimes de la Guerre.

Après une longue discussion très intéressante, cette Commission a soumis à l'approbation du Ministre un ensemble de propositions qui répareront certaines iniquités commises jusqu'à ce jour et notamment en ce qui concerne LA VISION REDUITE A LA PERCEPTION LUMINEUSE ET LES AFFECTIONS OCULAIRES AGGRAVEES EN SERVICE.

Nous vous tiendrons au courant de la suite donnée par le Ministre et nous vou demandons de vouloir bien en faire part à vos adhérents par la voie de votre Journal ou Bulletin.

Nous vous en remercions à l'avance et nous sommes à votre entière disposition pour les renseignements dont vous pourriez avoir besoin.

Nous avons un Bulletin qui paraît tous les deux mois et nous vous en ferons le service régulièrement, mais à notre grand regret nous ne pouvons vous adresser les premiers numéros car ils sont complètement épuisés.

Nous vous prions de croire, Monsieur le Président et cher Camarade, à l'assurance de nos sentiments les meilleurs de camaraderie.

Pour les Mutilés des Yeux .

Le Secrétaire général,
Léo JOUBERT.

EMPLOIS RÉSERVÉS

EMPLOIS RÉSERVÉS AUX ANCIENS MILITAIRES PENSIONNÉS POUR INFIRMITÉS DE GUERRE

En conformité avec le paragraphe 2 de l'article 5 de la loi du 30 janvier 1923 ainsi conçu :

« Au cas où aucun candidat ne serait classé pour cet em-
« ploi, le Ministère des Pensions en donne avis, d'une part, à
« l'Office National des Mutilés et Réformés de la Guerre et,
« d'autre part, à ce Ministre ou à cette Administration qui
« peut, dès lors, pourvoir à la nomination mais seulement à
« titre temporaire, pendant une période de six mois à partir
« de la réception de cet avis et à titre définitif à l'expiration
« de cette période. »

L'Office National des Mutilés et Réformes de la Guerre à Paris a été informé qu'il existe actuellement des vacances dans les emplois énumérés dans le tableau ci-dessous :

MINISTÈRE DE L'INTÉRIEUR. — Catégorie : 2e ; Désignation de l'emploi : (Sûreté générale) Secrétaire de police à Lyon ; Proportion réservée : 5/6 ; Nombre de vacances : 2 ; Point de départ du délai légal de six mois : 22 octobre 1924 ; Traitement : de début, 4.800 fr. Indemnité de résidence, 900 fr. Indemnité de service de nuit, 250 fr. Droit à pension, loi du 9 juin 1853 ou retraite de la Caisse nationale des Retraites pour la vieillesse.

ADMINISTRATION DES CHEMINS DE FER DE L'ETAT. — Catégorie : 1re ; Désignation de l'emploi : Intérimaire de 1re classe ; Proportion réservée : 1/4 ; Nombre de vacances : 1 ; Point de départ du délai légal de six mois : 31 octobre 1924 ; Traitement : de 4.000 à 8.000 fr. Droit à pension. Indemnité de résidence. Gratification normale de 8 % du traitement. — C. : 1re ; contremaître adjoint ; preport. rés. : 1/3 ; vac. : 6 ; point de départ six mois : 29 octobre 1924 ; traitement : de 5.100 à 8.700 fr. Droit à pension. Indemnité de résidence. Gratification normale de 8,5 % du traitement. Prime de gestion, 1.000 francs. — C. : 3e ; wagonnier ; proport. rés. : 3/4 : vac. : 200 ; point de départ six mois : 29 octobre 1924 ; traitement : de 3.900 à 5.020 fr. Droit à pension. Indemnité de résidence. Gratification normale de 3,5 % du traitement. — C. : 4e : sémaphoriste ; proport. rés. : 1 2 ; vac. : 20 ; point de départ six mois : 29 octobre 1924 ; traitement : de 3.800 à 4.720 fr. Gratification normale de 1,5 % du traitement. Droit à pension. Indemnité de résidence. — C. : 4e ; garde (voie) ; proport. rés. : 1/2 ; vac. : 40 ; point de départ six mois : 29 octobre 1924 ; traitement : de 3.800 à 4.720 fr. Gratification normale de 1,5 % du traitement. Droit à pension. Indemnité de résidence. — C. : 4e ; manœuvre (matériel de la voie) ; proport. rés. : 1 2 ; vac. : 10 ; point de départ six mois : 29 octobre 1924 ; traitement : de 3.800 à 4.720 fr. Gratification normale de 1,5 % du traitement. Droit à pension. Indemnité de résidence. — C. : 3e : aide-distributeur ; proport. rés. : 1 2 : vac. : 18 : point de départ six mois : 29 octobre 1924 : traitement : de 4.100 à 5.700 fr. Droit à pension. Indemnité de résidence. Gratification normale de 5 % du traitement. — C. : 4e ; homme d'équipe à la Cie des Tramways de la Vendée : proport. rés. : 1 2 : vac. : 1 ; point de départ six mois : 31 octobre 1924 : traitement : 3.200 fr. par an. Retraite : Caisse autonome des Retraites des Agents des Compagnies secondaires (retenue de 5 %).

Les candidats éventuels devront **adresser directement à l'Administration intéressée** leur demande en donnant toutes les indications susceptibles de déterminer son choix (pourcentage et nature de l'inval dité, services militaires, services civils, ancienne profession, profession actuelle, charges de famille, etc.)

Il y aura également intérêt à ce que l'Office National soit avisé par le Comité Départemental de l'envoi de leur demande, pour permettre à cet établissement public d'exercer son contrôle.

Mais ils devront être informés qu'il ne s'agit, en l'espèce, que de nominations **à titre purement temporaire**. Celles-ci ne seraient susceptibles de devenir défin.tives que si, au bout du délai de six mois, à partir des dates susindiquées, aucune nomination n'avait pu être faite, faute de candidats classés par la voie de la procédure prévue pour les emplois réservés.

Ils auront donc à se mettre immédiatement en instance auprès du commandant de la Brigade de Gendarmerie de leur résidence en vue de leur classement. Ils trouveront auprès de lui des indications concernant les pièces et formalités à remplir et des préc.s ons sur la comptabilité des blessures avec l'emploi sollicité, les examens à subir.

Ces renseignements peuvent être aussi demandés de préférence à l'Administration dont relève l'emploi, ou même au Comité Départemental des Mutilés et Réformés de la Guerre du Nord, 18, rue Boissy-d'Ang as, à Lille.

Par ailleurs, les postulants sont invités à se faire connaître au Comité en indiquant leurs nom, prenoms, adresse, etc... ainsi que la date de l'envoi de leur demande d'emploi.

RECETTES BURALISTES

En exécution de l'article 5, §5 de la loi, le Préfet du Nord donne avis de la vacance du bureau auxiliaire des Contributions Indirectes de Bersée (arrondissement de Lille).

Remises sur le bureau auxiliaire pendant l'année 1923 : 727 fr.

MM. les Maires du département sont invités à publier et à afficher la présente vacance le 15 novembre 1924.

Le délai de trente jours pour les déclarations de candidature expirera le 15 décembre 1924.

EMPLOIS COMMUNAUX

En exécution de l'article 8, paragraphe 7 de la loi, le Préfet du Nord a été avisé de la vacance de deux emplois de préposé d'octroi de la ville de Tourcoing.

Le traitement des préposés est fixé comme suit :

Préposés stagiaires, 3 mois : 4.320 fr. plus une indemnité de cherté de vie fixée actuellement à 3.468 francs.

Pendant les trois premières années de service......	4.500 Fr.
Préposés titulaires de 3 à 6 ans.....................	4.800 Fr.
de 6 à 9 ans.....................	5.100 Fr.
de 9 à 12 ans.....................	5.400 Fr.
de 12 à 15 ans.....................	5.700 Fr.
au-delà	6.000 Fr.

En outre, les préposés reçoivent une indemnité de cherté de vie variable, fixée actuellement à 3.468 f. ainsi que l'habillement et une indemnité de chaussures.

Ils ont la possibilité d'accéder aux grades supérieurs après concours.

Le délai de 30 jours pour les déclarations de candidature expirera le 3 décembre 1924.

**

En exécution de l'article 8, § 7 de la loi, le Préfet du Nord a été avisé de la vacance au cours de l'année 1925 et pour l'année 1926 de cinq emplois d'agent de police de la ville de Lille.

Traitement de début : 4.400 francs.

Supplément de traitement variable actuellement : 3.380 francs.

Indemnité pour charges de famille. — 380 francs pour chacun des deux premiers enfants et 480 francs pour les troisième et suivants âgés de moins de 16 ans ou infirmes.

Les candidats devront être aptes à faire un service essentiellement actif de jour et de nuit.

Le délai de 30 jours pour les déclarations de candidature expirera le 5 décembre 1924.

**

En exécution de l'article 8 § 7 de la loi, le Préfet du Nord a été avisé :

1° De la vacance d'un emploi d'agent de police de la ville de Valenciennes.

Traitement de début : 5.500 francs.

Indemnité pour services spéciaux : 500 fr. par an.

Supplément de traitement variable : actuellement : 1.500 francs.

Indemnité pour charges de famille : 330 fr. pour chacun des deux premiers enfants et 600 fr. pour les troisième et suivants âgés de moins de 16 ans.

Les candidats devront être aptes à faire un service essentiellement actif de jour et de nuit.

Le délai de 30 jours pour les déclarations de candidature expirera le 20 décembre 1924.

2° De deux emplois d'agent de police de la ville de Tourcoing.

Le traitement des agents de police est fixé comme suit :

Agents stagiaires (3 mois) : 375 fr. par mois plus une indemnité de cherté de vie (actuellement 3.468 fr. par an).

Agents titulaires :

Pendant les 3 premières années de service....	4.500 fr.	par an
De 3 à 6 ans.................................	4.800	»
De 6 à 9 ans.................................	5.100	»
De 9 à 12 ans................................	5.400	»
De 12 à 15 ans...............................	5.700	»
Au-delà de 15 ans............................	6.000	»

En outre, les agents reçoivent une indemnité de cherté de vie variable (actuellement 3.468 fr. par an) ainsi que l'habillement et une indemnité de chaussures.

Les agents de police ne sont titularisés qu'après un stage de 3 mois.

Ils ont la possibilité d'accéder aux grades supérieurs après concours.

Le délai de 30 jours pour les déclarations de candidature expirera le 20 décembre 1924.

DIVERS

EXPOSITION DE L'ARTISAN MUTILE

L'Union d'Artisans Mutilés, Réformés et Veuves de guerre, dont le siège est à Paris : 37, rue du Repos, fait connaître ce qui suit :

« L'Artisan Mutilé organise à la Mairie du XIXᵉ une Exposition qui aura lieu du 12 au 21 décembre afin de diffuser et de faire connaître les travaux de ses membres.

« Pour y participer, il faut être artisan ou façonnier mutilés, réformés ou veuves de guerre.

« Pour tous renseignements et adhésions, écrire à M. DUS-SAULT, secrétaire général, 37, rue du Repos, Paris, (20ᵉ).

STATION DE REGIME ET DE REPOS POUR ENFANTS

Le Préventorium de Montfort-l'Amaury (Seine-et-Oise) fait connaître ce qui suit concernant les buts de cet établissement créé en vue :

1º De faire bénéficier les Pupilles et les Enfants envoyés par les différents groupements composant votre Fédération du prix spécial (inférieur à 40 p. 100 du prix habituel) de 220 francs par mois, tout compris, sauf les médicaments, traitements spéciaux et menues fournitures.

2º De recevoir les enfants de 3 à 17 ans.

3º L'Etablissement est agréé pour recevoir en garde les Pupilles de la Nation.

4º De donner gratuitement l'instruction primaire aux enfants qui nous sont confiés lorsque leur état de santé le permet. A cet effet, des classes régulières leur sont faites au Préventorium même par des institutrices munies du brevet supérieur et du C.A.P. Des leçons particulières supplémentaires peuvent aussi être données pour l'enseignement supérieur et les arts d'agrément.

5º Pendant les grandes vacances et celles de Pâques, une colonie scolaire de vacances est annexée à l'Etablissement et fonctionne :

Vacances de Pâques : du 1ᵉʳ au 30 avril. — Clôture des inscriptions : 15 juin.

Grandes vacances : du 1ᵉʳ juillet au 1ᵉʳ octobre. — Clôture des inscriptions : 15 juin.

Il est prudent de retenir les places très à l'avance et de faire inscrire les enfants dès que possible.

"JEAN-BART" MARQUE DÉPOSÉE
BISCUITS JEAN
QUALITÉ SUPÉRIEURE
Épiciers
Mutilés
demandez
prix
et échan-
tillons
à
Frères
TOUTES PHARMACIES - 2 Fr LE SA

TOUTES PHARMACIES - 2 Fr LE SAVON

COMPOSITION DU CONSEIL D'ADMINISTRATION DE LA FÉDÉRATION

MM.

BALAVOINE, président de l'Union des Mutilés, Réformés et Veuves de guerre de Lille et Environs ; président de la Fédération du Nord de la France des Associations de Mutilés, Réformés, Veuves et Orphelins de guerre ;

PÉRIN, trésorier de l'Association des Mutilés et Veuves de guerre d'Avesnes ; vice-président de la Fédération (arrondissement d'Avesnes) ;

MALLEZ, président de l'Union des Mutilés du Cambrésis ; vice-président de la Fédération (arrondissement de Cambrai);

SCREVE, président de l'U. N. M. R. de Douai ; vice-président de la Fédération (arrondissement de Douai) ;

VINCENT, président de l'Association des Mutiles, Réformés de l'arrondissement de Dunkerque ; vice-président de la Fédération (arrondissement de Dunkerque) ;

FAURE, président de l'Union des Mutilés, Réformés, Veuves et Ascendants du canton de Cassel : vice-président de la Fédération (arrondissement d'Hazebrouck) ;

DESORBAIX, président de l'Union des Mutilés de Valenciennes ; vice président de la Fédération (arrondissement de Valenciennes) ;

CASSEL, administrateur de l'Union des Mutilés, Réformés, Veuves et Orphelins de la guerre. à Lille ; **secrétaire général** ;

LIBOTTE, administrateur de l'Union des Mutilés, Réformés, Veuves et Orphelins de la guerre, à Lille ; **secrétaire fédéral** ;

TABARY, administrateur de l'Union des Mutilés, Réformés, Veuves et Orphelins de la guerre. à Lille ; **secrétaire adjoint.**

ADMINISTRATEURS

Mmes

Veuve DENOYELLE, présidente de l'Association des Veuves de guerre, Orphelins et Ascendants de l'Arrondissement de Dunkerque ;

Veuve LEROUX, administrateur de l'Association d'Aide aux Veuves de Militaires de la Grande Guerre, à Cambrai ;

Veuve THOMASSIN, secrétaire de l'Association d'Aide aux Veuves de Militaires de la Grande Guerre, à Lille.

MM.

MARQUIS, président de la Section de Bergues de l'Association des Mutilés et Réformés de l'arrondissement de Dunkerque ;

DEGOUY, président de l'A. G. M. G. (groupe départemental) , président du Groupement d'Entente des Associations Lilloises de Mutilés et Réformés de la guerre ;

ARNOUX, président de la Section de Lille de l'U. N. M. R. ;

CANNIE, président de la Section de La Madeleine de l'A. G. M. G. ;

CANIVEZ, vice-président de la Section de Douai de l'U. N. M R. ;

PENEZ, trésorier de la Section de Douai de l'U. N. M. R. ;

COVILLERS, vice-président de l'Union des Mutilés, Réformés et Veuves de guerre de Lille et Environs ;

GIBON, président de la Section de Roubaix de l'U. N. M. R. ;

DERYCKE, vice-président de la Section de Roubaix de l'U. N. M. R ;

GRYSPEERT, secrétaire général du Groupe des Mutilés de Tourcoing ;

VANDENBERGHE, commissaire du Groupe des Mutilés de Tourcoing ;

LEMAIRE, président de l'Association des Mutilés et Réformés de la guerre de Saint-Amand

Le Gérant : M. VINCENT　　　Imp. J. Scherpereel, 103, rue Balzac, Lille